# La Mamá
## que debes ser

Cheri Fuller

## Vida

*Dedicados a la excelencia*

La misión de *Editorial Vida* es proporcionar los recursos necesarios a fin de alcanzar a las personas para Jesucristo y ayudarlas a crecer en su fe.

Publicado en inglés con el título:
*The Mom You're Meant to Be*
Por Tyndale House Publishers, Inc.
© 2003 por Cheri Fuller

Traducción: *Grupo Nivel Uno, Inc.*
Edición: *Madeline Díaz*
Diseño interior: *Grupo Nivel Uno Inc.*
Adaptación de cubierta: *Grupo Nivel Uno Inc.*

ISBN: 0-8297-4684-6

Categoría: Vida cristiana / Relaciones / Paternidad

Impreso en Estados Unidos de América
Printed in the United States of America

06 07 08 09 10 ❖ 9 8 7 6 5 4 3 2 1

*En memoria de mamá*

# Agradecimientos

*Gracias en especial:*

- A Mark Maddox, mi editora Kathy Davis, Bonnie Schulte, Allison James, Enfoque en la familia, y Tyndale Publishers por compartir mi visión para este libro y por todos sus esfuerzos para que este libro fuera lo que necesitaba ser. Es una suerte compartir con ustedes en el ministerio a los corazones de las madres.
- A las mamás que me han alentado y apoyado a lo largo de mi viaje: Patty Johnston, Flo Perkins, Billie Milburn y en particular a mi mamá, por toda esa sabiduría hermosa, por las oraciones, el apoyo y el amor.
- A mi agente y amigo Greg Johnson a quien aprecio enormemente.
- A mis compañeras de oración y hermanas en Cristo, Peggy Steward y Jo Hayes, cuán agradecida estoy por nuestra amistad y su intercesión de fe.
- A tres mamás especiales que hacen el trabajo maravilloso de criar a nuestros cinco nietos: Tiffany, Maggie y Alison. ¡Aprendí mucho de ustedes y sus niños!
- A mi marido Holmes, siempre fiel, tolerante y orador. ¡Ha sido tan divertido ser padres y ahora abuelos junto a ti!
- A usted el lector, por abrir su corazón al mío.

# Contenido

# 1

# La mamá que debes ser

—¿Sabes cocinar... es decir, algo más aparte de la comida precocida que viene en cajas? —me preguntó mi tía un sábado solo unos meses antes de mi casamiento.

Esta no era una pregunta retórica. Ella sabía que había pasado mi niñez jugando afuera en lugar de aprender a cocinar con mamá en la cocina.

—¡Bueno, no, pero solo dame algunas recetas y puedo aprender! —contesté.

Después del casamiento, cargué bajo el brazo mi caja de madera con las recetas más confiables de platos a la cacerola «que no fallan nunca», lista para vencer este nuevo desafío con recetas de macarrón con carne, sopa de hongos y guiso con pimienta. Sin embargo, algunas de las recetas no eran tan perfectas como pensaba... como descubrí una noche cuando la casa entera comenzó a tener un aroma extraño luego de que la comida en cacerola del día comenzó a quemarse. Mi marido insistió en tirar la comida, abrir las ventanas para airear el dúplex, y salir a comer hamburguesas.

Poco a poco, no obstante, aprendí algunas habilidades para cocinar, no soy una cocinera experta, pero me las he arreglado para alimentar a una familia de cinco.

Muchos nos acercamos a la paternidad de la misma manera en que yo me acerqué a la cocina. Estamos tratando de encontrar nuestro camino, o tal vez hemos sido padres ya por un tiempo y nuestro camino se ha perdido, así que buscamos una fórmula... algo concreto y estructurado que esperamos sea el sistema ideal de la paternidad. Pero a través de mis años como mamá de chicos que ahora tienen veintiséis, veintiocho y treinta y un años, he descubierto que este camino no es una fórmula. En lugar de eso, significa conectarse con el corazón de Dios y con el corazón de nuestros hijos. Mientras lo hacemos, el Señor nos guiará y formará como las mamás que planeamos ser y los padres que nuestros niños necesitan.

Aunque no hay receta para ser padres perfectos, a prueba de tonterías, hay un montón que aprender al leer libros sobre el desarrollo de los niños que dan ideas y sugerencias y ayudan a entender las necesidades de los hijos al crecer y cambiar. Pero no deberías permitir que ningún libro o programa de ese tipo domine tu propio juicio, silencie tu propia repuesta sincera a tus niños, o impida que Dios personalmente te instruya con respecto a tu hijo.

Dios promete sabiduría cuando se está necesitado de ella. Él ofrece esperanza y consuelo cuando se está desesperanzado. Su alegría puede darte la fuerza que necesitas para llevar adelante a tu familia... no solo sobreviviendo, sino prosperando y hasta *disfrutando* la etapa que tú y tu hijo están atravesando. Jesús nos solo quiere caminar al lado tuyo en el viaje de la maternidad, sino *vivir a través de ti*. Y este es uno de los temas principales del libro... como puedes amar a tus hijos mientras te apoyas en Dios.

Aunque ser mamá es un privilegio y un regalo, es también un desafío maravilloso... ¡y la responsabilidad más grande que alguna vez enfrenté! Es por eso que no puedes hacerlo solo con tus fuerzas, sino dependiendo del Señor.

Aparte de cosas divertidas como jugar en el parque con nuestros hijos, gritar en las gradas al ganar un partido, acariciar la cara suave de tu bebé muy cerca de él mientras lo meces para dormirlo, o tomar fotos en los cumpleaños, uno de los aspectos favoritos de la maternidad para mí es el gran potencial de crecimiento espiritual.

Ya lo ves, ser mamá te da un montón de oportunidades para sacrificar tu vida y elegir el bien de tu hijo a expensas de tus propios derechos: por ejemplo, cuando son las dos de la mañana y tu bien merecido sueño es interrumpido por una persona pequeña que te necesita. O cuando te encantaría leer una revista pero tus hijos están más que locos de ganas de que les leas Amelia Bedelia por quinta vez. O cuando ves un cambio necesario en la vida de tu hijo, y mientras oras por eso, el Señor te señala la misma necesidad en *tu* vida.

Así que no vayas a pensar que estoy escribiendo este libro porque creo que he «llegado a la meta» como madre, déjame compartir las tres oraciones que más a menudo tuve en mi corazón cuando mis hijos estaban creciendo. Ya que nadie es un padre perfecto con excepción de Dios, solía orar: *Señor, por favor, rellena los espacios vacíos entre el amor que mis hijos necesitan hoy y no obtienen de mí, aunque los amo lo mejor que puedo.* Mi segunda oración era: *Jesús, absuelve mis errores.* Créeme, cometí varios de ellos, pero me alentaba que Dios pudiera usar mis desaciertos para conducirlos él mismo. Y finalmente: *Señor, ayúdanos en nuestro matrimonio, pero permite que esto comience en mí.*

Pedía a menudo su piedad y sabiduría porque sabía que no podía hacer este trabajo importante fuera de la gracia del Señor. Esto es porque apenas podía entender a uno de mis hijos y las cosas estaban en armonía, él o ella pasaban a otra etapa con un conjunto de desafíos nuevos y razones para estar de nuevo de rodillas.

Cuando nuestro hijo mayor se convirtió en adolescente, recuerdo que mi marido y yo nos mirábamos con expresiones confundidas diciendo: *¡Nadie nos preparó para esto!* Luego, después de los altibajos de la escuela secundaria, nos adaptamos al nido vacío. Cuando se graduaron nuestros hijos y se casaron, enfrenté una etapa nueva por completo: ser suegra. (¡Aún estoy aprendiendo esto!) Luego vino un rol encantador como abuela. Puede ser que estas etapas siempre cambiantes como madre sean la manera de Dios para depender de él de forma continua y no de nosotros mismos.

Como madres, venimos en diferentes colores, somos de entornos únicos y vivimos en distintas partes del planeta. Pero tenemos un montón en común: Somos todas madres trabajadoras desde el minuto que dejamos la sala de parto, porque como dice Leslie Parrott: «He experimentado que la maternidad consume, resta, devora tiempo y energía más que cualquier otra actividad humana. Es una tarea que nunca se detiene. Veinticuatro horas al día, siete días a la semana, una madre siempre está de guardia para alimentar, limpiar, jugar y cuidar al pequeño».[1] ¡Y esto es solo el primer año!

Como madres queremos proteger a nuestros hijos. Deseamos lo mejor para ellos mientras los ayudamos a desarrollar sus dones y talentos. ¡Aspiramos a que se conviertan en lo que deben ser! Y como madres cristianas, queremos que nuestros niños conozcan y amen a Jesús y experimenten cuánto él los ama.

En los capítulos siguientes no encontrarás fórmulas estrictas de alimentación o maneras de estructurar los horarios de tu recién nacido para que pueda tener un sueño sin interrupciones. Lo que *sí* encontrarás son los asuntos del corazón de las madres y reflexiones sobre la mamá que debes ser como: tirar el molde y apreciar la individualidad de cada niño; no ser presumida; encontrar una mamá guía que te ayude; desarrollar un sentir por el hogar; y no dejar a un lado la alegría, de manera que puedas en realidad *disfrutar* este período corto de la maternidad.

También descubrirás sugerencias prácticas para crear recuerdos, edificar la fe de los niños, y mover tu cuerpo de manera que tenga la energía suficiente para mantener una buena relación con tus hijos y lograr alcanzar los desafíos de cada día. Encontrarás algunos secretos para una maternidad efectiva, como saber que las personas son más importantes que las cosas, encontrar las palabras para comunicarte con tus hijos, y descubrir maneras creativas de conectarte con ellos al aire libre. Además, hallarás la sabiduría de las Escrituras, de las que han sido madres antes, y una gran cantidad de esperanza, aliento e inspiración a lo largo del camino.

Mi oración es que este libro te ayude a encontrar una nueva alegría en cualquier etapa que estés experimentando... porque hay mucha diversión y mucho para disfrutar en medio de cosas tales como el piso de la cocina marcado con huellas de diminutos pies llenos de barro y las cargas ruidosas de niños que está llevando en el auto. Y aunque cada capítulo tiene varias sugerencias, no creas que tienes que hacerlo todo. Elige una que encaje en donde estés como mamá y pruébala, y guarda las otras ideas para otra etapa diferente. Puedes considerar la «Pregunta para reflexionar» anotándola en un diario, orando, o hablando sobre ella con una amistad o en un grupo pequeño de mamás.

Lo más importante al leer es que recuerdes que cuando llegues al final de la cuerda, encontrarás allí a Dios. Aunque me he sentido despojada de sentimientos de amor y con poca paciencia, he encontrado que como promete Romanos 8:36-39, el amor de Dios nunca falla. Al rendirte a él en esos momentos en que estás «al final de tu cuerda y falta por completo de amor», recibe su amor para ti, y disponte a dirigir ese amor a tus niños, esposo, y a los otros alrededor de ti. Quedarás asombrada por la gracia que el Señor nos da una y otra vez para ser la mamá que debes ser mientras amas a tus hijos y te apoyas en Dios.

# 2

# Deja de lado el molde

Era un día caluroso y soleado, y me encontraba observando cerca de la piscina a dos vecinas de cuatro años, Jenny y Olivia, que comenzaban con sus lecciones de natación.

—Juguemos al submarino y vayamos bajo el agua a la cuenta de tres —dijo John, su instructor, después de que habían salpicado y jugado durante unos minutos.

Olivia sumergió la cabeza y se desplazó por el agua como un pez, hizo una voltereta debajo del agua, y salió riendo, mientras su orgullosa madre la observaba. Sin embargo, Jenny protestó:

—¡No me gusta mojarme la cara! ¡No quiero ir abajo!

—Vamos, cariño —la alentaba su madre desde el borde de la piscina—. Tú puedes hacerlo. Es divertido sumergirse.

—No, no lo es. Quiero ir a casa —gritó Jenny.

—De acuerdo, juguemos a otra cosa —sugirió John—. Cantemos: El puente de Londres se está cayendo, cayendo, cayendo, cayendo... y cuando lleguemos al final de la canción, vamos los tres debajo del agua.

John intentó con cada una de las estrategias que conocía, sin embargo nada persuadió a Jenny para que se uniera al submarino o a cualquier otro juego. A pesar de que era una niña muy entusiasta, se tornó llorona y ansiosa, y no disfrutó ni de esa lección de natación ni de las que le siguieron. Más adelante, una vez que pasaron las primeras lecciones, su madre de forma sabia le dio un respiro y le permitió jugar en la piscina e ir a su propio ritmo. Unas pocas semanas después, por sí misma en la piscina del vecindario, comenzó a sumergir la cara poco a poco. Para fines del vera-

> Ningún padre entrenó a su hijo de la manera adecuada sin esforzarse por conocer a ese hijo.
> —CHARLES R. SWINDOLL

no, se divertía tanto como el resto de los niños.

¿Por qué Olivia estaba tan contenta de sumergirse y hundir la cabeza en tanto que Jenny se resistía? No se debía a que la madre de Olivia hiciera todo bien y la madre de Jenny todo mal. Se trataba del temperamento particular de cada una de las dos niñas. Olivia era una niña que «entraba fácil en calor» cuando enfrentaba una situación nueva, mientras que Jenny era más lenta para hacer cosas nuevas por completo... ya sea que se tratara de una verdura nueva, una niñera nueva o una actividad nueva, como hundir la cabeza en el agua. También ayudaba el hecho de que la hermana mayor de Olivia estaba en el equipo de natación y era el modelo a seguir de su hermana, mientras Jenny era la mayor y la primera de la familia en tomar clases de natación.

Yo me enfrenté con ese dilema cuando era una madre joven. Parecía que todas mis amigas tenían hijos «fáciles», que obedecían y se adaptaban con rapidez a las nuevas situaciones. Mi primogénito, Justin, era decidido y fuerte. Definitivamente tenía su personalidad ya desde pequeño. Aunque era muy divertido en ambientes familiares, las experiencias nuevas, como las clases de natación para madre y bebé, o un cambio en el jardín, causaban fuertes protestas.

¿Era una mala madre? ¿Estaba haciendo algo mal? En realidad, deseaba ser una buena madre, comprender a mi bebé, satisfacer sus necesidades y estar alerta. Sin embargo, estaba confundida y

## Las nueve características[2]

- **Nivel de actividad:** ¿Le gusta a tu hijo trepar, correr y jugar a lo grande, o prefiere los pasatiempos menos activos como leer y dibujar?
- **Previsión y consistencia:** ¿Cuán predecibles o impredecibles son las funciones biológicas de tu hijo, como despertarse, dormirse y tener hambre?
- **Respuesta a nuevas situaciones:** ¿Cuál es su primera respuesta a los nuevos estímulos o las situaciones extrañas como una nueva comida, tarea, persona o aula? ¿Tiene una reacción negativa, actúa ansioso hasta que lo ha hecho varias veces, o se involucra de lleno con entusiasmo?
- **Flexibilidad y adaptación:** ¿Sigue la corriente y se adapta si no estás y debe tomar su siesta más tarde? ¿O le gusta tener una estructura fija para el día?
- **Sensibilidad ante sonidos repentinos, texturas y estímulos sensoriales:** ¿Se sobresalta con facilidad, se despierta ante sonidos leves, llora apenas se moja, o se queja cuando la ropa le irrita la piel? ¿O es necesario más ruido para que reaccione?
- **Humor positivo o negativo:** Algunos bebés despiertan después de su siesta o su sueño nocturno de buen humor, mientras que otros lloran o se quejan. El niño con temperamento más alegre será quien vea el vaso «medio lleno», mientras que el quejoso lo verá «medio vacío».
- **Emociones intensas o leves:** ¿Es tu niño llevadero con respecto a sus emociones o protesta cuando se frustra o está triste?

- **Disperso o concentrado:** ¿Quiere tu bebé el biberón (o, más adelante, quiere terminar su juego) y no puede ser distraído de su objetivo? Entonces es probable que sea del tipo concentrado y no un niño disperso.
- **Rango de atención y nivel de perseverancia:** ¿Posee tu hijo un alto rango de atención y persevera cuando arma un rompecabezas hasta que lo completa, o abandona cuando no lo logra?

no sabía como hacerlo.

Afortunadamente para esa época encontré un libro escrito por dos psiquiatras muy sabios, los doctores Stella Chess y Alexander Tomas, llamado *Know Your Child* [Conozca a su hijo]. Cuando vi el título sobre el estante, pensé: *¡Eso es justo lo que necesito! Quiero conocer y entender a mi hijo.* En el libro, Chess y Thomas dan cuenta de los descubrimientos realizados durante sus veinticinco años de estudio con personas desde su infancia hasta su adultez. A partir del nacimiento, explican, los individuos varían tanto en su comportamiento como en sus reacciones frente a las diferentes experiencias de la vida. Estas variaciones indican diferencias específicas en el temperamento. (Véase el recuadro.) En cada categoría, los autores clasifican a los individuos como medio o intenso, alto o bajo, rápido o lento.

Una de las cosas más importantes que descubrí en este libro es el término «bondad de adaptación» o «acostumbrarse». Más importante que los niños posean características «ideales» —como la adaptabilidad y la buena voluntad— que los hacen fáciles de tratar es la adaptación que se desarrolla entre padre e hijo. Por ejemplo, ¿cuáles son las demandas y expectativas que tengo para mi hijo? ¿Cuáles son las reacciones que el comportamiento de mi hijo genera en mí? ¿Acepto, disfruto y me regocijo con mi hijo, o su comportamiento me frustra y decepciona de continuo?

> Si los padres afirman la individualidad de sus hijos, ellos encontrarán más fácil de creer que Dios los acepta como son.
>
> —NORM WRIGHT

Algunos años más tarde aprendí sobre los distintos tipos de inteligencia y los estilos de aprendizaje (o las maneras de procesar la información que necesitan para aprender). Esta información me la envió Dios. Me ayudó a comprender mejor, aceptar y disfrutar el maravilloso regalo de nuestro primogénito, y unos años después de su hermano y hermana. Comencé a darme cuenta de que algunas de las cosas que experimentábamos tenían que ver más con las diferencias de temperamento entre él y yo, o entre él y los hijos de mis amigas. Él simplemente respondía a las cosas desde su temperamento único y su personalidad o, podríamos decir, la forma que Dios le había otorgado.

Mientras más comprendía el carácter emocional de nuestro pequeño, más aceptaba sus emociones y más agradecía por su individualidad. También era más paciente con sus reacciones ante la clase de natación (por cierto, llegó a ser un nadador excepcional). Debido a su determinación y perseverancia, me di cuenta de que necesitaba especializarme en los asuntos mayores y no en los menores, en los temas de disciplina (por ejemplo, ser firme en algunos temas en vez de reforzar muchas reglas y decir «no» todo el tiempo).

> Porque tú formaste mis entrañas; tú me hiciste en el vientre de mi madre. Te alabaré; porque formidables, maravillosas son tus obras; estoy maravillado, y mi alma lo sabe muy bien.
>
> —SALMO 139:13-14

Cuando dejé de compararlo con los «hijos obedientes», comencé a encontrar maneras de alentar sus dones y fortalezas. Vi su energía y su persistencia como características que serían provechosas cuando enfrentara desafíos (en verdad, estas características son algunas de las fortalezas que contribuyen a que sea el adulto maravilloso y exitoso que es en la actualidad). Debido a que abracé su individualidad, la «bondad de adaptación» entre mi hijo y yo creció hasta convertirse en una maravillosa relación que continúa.

Nuestro segundo hijo, Chris, fue por completo diferente, por supuesto. Y Alison, la tercera, fue un nuevo desafío y alegría. Cada uno de ellos posee un estilo de aprendizaje distintivo. La fortaleza de Justin es auditiva. Las fortalezas de Chris se centran más en lo visual, y las de Alison en lo cinético y lo visual. Cada uno tiene capacidades y talentos diferentes: uno posee habilidades para la comunicación, la enseñanza, el liderazgo y la relación con la gente; otro posee talentos analíticos, espaciales, musicales y artísticos; y otro dones musicales, lingüísticos y creativos. Cada uno es valioso a su modo, temerosa y maravillosamente creado por nuestro Señor, sin embargo, único de forma definitiva.

Me imagino que Dios no quiere que descansemos sobre nuestros laureles. Justo cuando comprendemos a uno de nuestros hijos, él nos envía otro que nos deja perplejos por completo. Creo que esta es su manera de tenernos siempre alertas. Y, además, pensemos qué aburrido sería si cada uno de nuestros hijos tuviera el mismo temperamento, los mismos intereses y los mismos dones.

Aquí presento algunas formas de deshacernos del enfoque del molde único y desentrañar las cualidades de nuestro hijo. Mientras revisas las listas con las pautas sobre el temperamento, el estilo de aprendizaje y el tipo de inteligencia, detente a considerar sobre las sugerencias que se detallan abajo, teniendo en mente que este no es un ejercicio para clasificar ni un enfoque unilateral para comprender a tu hijo. Sin embargo, el observar las características te ayudará a obtener una imagen clara sobre la individualidad de tu hijo.

*Reconoce la singularidad de cada uno de tus hijos.* No hay dos niños similares, y compararlos o tratarlos como iguales puede causar problemas: *Desearía que él fuera organizado como su hermana mayor. Desearía que ella obtuviera calificaciones altas como la hija de Mary. Desearía que los gemelos fueran atléticos como el resto de la familia.* Tal como dice John Drescher: «La comparación continua crea sentimientos de inferioridad que dañan el desarrollo de la personalidad».[3] La comparación causa también que los niños no se sientan aceptados tal cual son. En lugar de comparar, reconoce y celebra cada uno de los diferentes dones, habilidades y personalidades que Dios les ha otorgado.

### Estilo de aprendizaje

Imagina que estás leyendo en voz alta de un libro que repite el versito: «Y el conejo se fue saltando, saltando, saltando». Tu hijo:
- ¿Se acerca, incluso pidiendo sentarse sobre tu falda, para ver las imágenes? Este es un signo de aprendizaje visual.
- ¿Imita las palabras del versito o interrumpe para hablar sobre la historia? Este es un signo de aprendizaje auditivo.
- ¿Se mueve y realiza los que dice el versito, «saltando, saltando, saltando»? Este es un signo de aprendizaje cinético.

*Busca el lado positivo.* Ten conciencia de que a menudo lo que parece una característica negativa en la infancia se puede transformar en una increíble fortaleza en la adultez. Por ejemplo, los niños que discuten por todo generalmente poseen un talento analítico que puede ayudarlos a llegar a ser científicos exitosos, doctores o ingenieros. El ser mandón durante la infancia es un claro símbolo de liderazgo, lo que significa que tu hijo podría ser un futuro gerente general de una empresa. El niño emocional o melancólico puede desarrollarse como artista o actor. En la adultez, el niño muy activo que bromea todo el tiempo con su madre, tiene luego mucha energía para los emprendimientos y los desafíos.

### Diferentes tipos de inteligencia

• **El niño musical** está siempre cantando una canción (por lo general en el tono apropiado) o moviéndose a un ritmo. Recuerda con facilidad los tonos, los ritmos y las melodías.

• **El niño con inteligencia para las personas** es una mariposa social, le gusta estar con grupos, dirigiendo y controlando, y posee grandiosas habilidades comunicativas.

• **El niño con inteligencia corporal** posee una energía adicional y ama los deportes. Recuerda las canciones de forma habitual con movimientos corporales.

• **El niño con inteligencia espacial** puede observar las instrucciones en un Lego y armar todo el proyecto. Le gusta dibujar, armar rompecabezas y laberintos y diseñar cosas.

• **El niño con inteligencia para las matemáticas** está siempre seleccionando, clasificando, poniendo objetos en secuencias y analizando cosas.

• **El niño con inteligencia verbal** ama los juegos de palabras, contar historias y que le lean cuentos. Posee una fantástica memoria para las palabras.

*Observa, mira y escucha.* Apaga el televisor y sintonízate con tu hijo con regularidad. Uno de los mejores consejos que Chuck Swindoll tiene para los padres es que sean alumnos de sus hijos. «Mírenlos jugar. Escúchenlos hablar. Algunas cosas los asombrarán. Son tan divertidos ... Observarán cosas que nunca antes habían notado. Quedarán boquiabiertos cuando vean que no habían reparado en alguna de las necesidades de su hijo. Luego, oren por un espíritu de sabiduría y de revelación (véase Colosenses 1:9-12) para ver los corazones y personalidades de sus hijos desde la perspectiva del Señor, para descubrir qué los motiva, y para saber cómo nutrirlos y guiarlos de la mejor manera.

PREGUNTA PARA REFLEXIONAR

¿Qué es lo que más amas de cada uno de tus hijos y qué encuentras más frustrante? De las listas que has escrito, ¿cuáles son las cosas únicas de cada uno de tus hijos? Da gracias a Dios por todas estas cosas.

# 3

# No pospongas el gozo

«Cuando mi hija menor ya sepa ir al baño sola, todo se tranquilizará... y cuando pierda los kilos de más que aumenté en él embrazo, entonces estaré mucho más feliz», dijo la joven madre que estaba sentada a mi lado en un almuerzo en el que hablé hace poco.

«Cuando mi hijo comience en la escuela la jornada completa, entonces al fin podré hacer algo. Estando en el jardín de infantes de media jornada, una vez que lo dejo allí, ya casi es la hora de ir a buscarlo de nuevo. Está un poco difícil en esta etapa, y francamente, estoy exhausta», dijo otra joven madre a su lado.

Si eres como estas dos madres y tantas otras, te encuentras de forma habitual pensando que estarás feliz y contenta cuando…

- las finanzas no estén tan apretadas y tengas más dinero en tu cuenta bancaria;
- tu adolescente pródigo regrese, comience a amar a Dios, vaya a un grupo de jóvenes, y tome mejores decisiones y obtenga mejores calificaciones;

- le salga el diente a tu bebé y empiece a dormir toda la noche, permitiéndote tomar ese tan necesitado descanso;
- o tu marido no esté tan estresado.

La lista de «cuando» y «si» es interminable, y todos son buenos objetivos. Sin embargo, si fijas tu gozo solo en los «cuando» y los «si», te encontraras siempre frustrada, perdiéndote las alegrías y bendiciones que Dios tiene para ti en cada período de la vida, aun cuando estos sean difíciles y estén colmados de proyectos inconclusos, dentición de bebés, niños que no quieren dejar los pañales o adolescentes rebeldes.

Una cosa es segura: la etapa en que te encuentras ahora —ya sea el embarazo, el cuidado de bebés o niños chiquitos, o la educación de adolescentes— pronto se pasará.

A lo largo de las Escrituras, Dios nos recuerda que la vida es corta y que no podemos contar con lo que sucederá mañana. Por ejemplo, Santiago 4:14 dice: «No sabéis lo que será mañana. Porque ¿qué es vuestra vida? Ciertamente es neblina que se aparece por un poco de tiempo, y luego se desvanece». El Salmo 90:10 dice: «Porque pronto pasan [los años], y volamos».

> Este es el día que hizo Jehová; nos gozaremos y alegraremos en él.
>
> —Salmo 118:24

No podemos hacer que los años transcurran con más lentitud ni controlar sus circunstancias (como que le esté saliendo el diente al bebé o que el corazón de nuestro adolescente se vuelque a Dios). Sin embargo, sí podemos elegir nuestra actitud y descubrir que puede existir mucho gozo a nuestro alcance si lo buscamos.

A continuación hay algunas ideas para no posponer el gozo:

*Hacer lugar para la diversión* y para las cosas que tanto tú como tus hijos disfrutan en realidad. Considero que la maternidad es la excusa perfecta para ir al parque, montar bicicletas y jugar al béisbol como lo hacíamos cuando éramos jóvenes. Quizás a tu familia le resulte divertido ir al zoológico o ir de picnic. Tal vez disfrute ir a la biblioteca a escuchar cuentos y ver obras de marionetas. Incluso si está lloviendo puedes invitar a otra mamá con sus hijos a almorzar y permitirles a los niños ayudarte a hacer tu especialidad: como «Hormigas sobre el tronco» (uvas pasas sobre una banana) o «Ensalada de pera con una cara contenta» (mitades de pera ahuecadas con un copete de mayonesa y uvas pasas para hacer una cara contenta.

*Aprovecha las alegrías de cada estación del año.* En cada estación hay algo para disfrutar: recolectar fresas y acampar en el patio trasero durante el verano, visitar un local en donde vendan calabazas para encontrar la más perfecta en el otoño, hornear galletas de jengibre y beber chocolate caliente en el invierno. Durante la primavera, cuando los colores y aromas parecen tener más vida después del largo invierno, puedes hacer «caminatas aromáticas» con sus hijos. Solo pasea por la cuadra y que nombren todas las cosas que pueden oler. Para una «caminata colorida», elige un color para ese día —por ejemplo, el rojo— y durante el recorrido, que señalen todas las cosas rojas que puedan ver.

> No existe una brizna de hierba, no existe un color en este mundo que no esté hecho para nuestro gozo.
> —JUAN CALVINO

*Encuentra alegría… aun cuando tus hijos están enfermos.* Cada cierto tiempo, cuando tus hijos están enfermos y no pueden salir, es probable que sientas que una nube oscura se ha plantado sobre tu hogar. Esa nube solía cubrir nuestro hogar cuando nuestro hijo mayor tenía ataques de asma o cuando los tres estaban enfermos a la vez... es decir, esto era así hasta que comencé a ver los días de enfermedad como un tiempo para llenar los tanques emocionales de mis hijos con TLC, un tiempo para abrazarnos, para remediarnos con jugo de manzana caliente y para leer libros juntos. En vez de pensar que todo estará mejor cuando los niños mejoren, trata de sacarle provecho a este tiempo.

Cada día hay milagros y cosas para celebrar: un atardecer rosa, una carta por correo electrónico de un viejo amigo, la primera oración de tu hijo, un beso pegajoso o incluso un jilguero en el comedero de pájaros.

> Cada día nos da una oportunidad para contener la respiración, quitarnos los zapatos y bailar.
> —OPRAH WINFREY

Sin embargo, la mejor forma de experimentar el gozo es simplemente...

*Entregándote.* «La alegría que damos a los otros es la alegría que vuelve a nosotros mismos», dijo John Greenleaf Whittier con sabiduría hace mucho tiempo. Esto todavía es verdad. Cuando estamos preocupados por los demás y por cómo nosotros podemos ser su bendición del día, cuando estamos actuando como las manos de Dios y expresando su amor, él nos llena con inextinguible alegría.

### PREGUNTA PARA REFLEXIONAR

¿Cuáles fueron los milagros de todos los días que has experimentado hace poco? ¿Cuáles son las tres cosas que al realizarlas te brindan mucha alegría? (Escoge una y realízala esta semana.)

# 4

# Nunca seas demasiado presumida

Un frío jueves por la tarde me dirigí al salón «Día Libre de las Madres» de la iglesia para recoger a mi hijo Chris de dos años. Me encontré con la cara enojada de la maestra.

—Su hijo mordió a otro niño —me dijo, observándonos a mí y a mi hijo con una mirada de desaprobación. Su tono sugería que yo debía hacer algo con respecto a su mal comportamiento, que seguro conduciría a Chris a una vida delictiva.

—Lo lamento mucho —dije mientras tomaba la manito de Chris, su bolsa con pañales y su abrigo para retirarnos. Me sentía terrible por el incidente, sin embargo, el otro niño y su madre ya se habían ido y no podía disculparme con ellos.

Chris era mi hijo menor. Era un niño tan feliz que la gente muchas veces nos detenía para comentarnos lo bueno que era. Las maestras de la Escuela Dominical adoraban tenerlo en sus clases. Su sonrisa alegraba a los vecinos. Era mi hijo.

A pesar de que esta no era la primera ocasión en que mis hijos exhibían un comportamiento para nada perfecto, me enseñó una buena lección (una que tuve que experimentar muchas veces debido a que mis tres hijos avanzaban por la infancia hacia las turbias aguas de la adolescencia): ¡Nunca seas demasiado presumida!

¿Por qué? Porque todos cometemos errores. Porque Dios ama a los corazones humildes. Y porque la verdad es que no sabemos lo que nuestro precioso niñito o adolescente va a hacer a continuación. Aunque lleves a tus hijos a la iglesia y hagas lo imposible por criarlos de la forma correcta, no puedes evitar siempre que tu adolescente se rebele, o repruebe una materia, o tome una decisión errada. Aunque les enseñes buenos modales y los alientes a ser amables, no puedes controlar su comportamiento ni lograr que hagan lo correcto.

Ahora bien, en el caso de la mordida de mi hijo, no sé qué la provocó. Sin embargo, estuve considerando las opciones posibles mientras me dirigía al auto… es la primera vez que participa en este «Día Libre de la Madre», no conocía a ninguno de los otros niños, quizás se cansó de que los más grandes lo molestaran. Quizás mi habitualmente cooperativo y bondadoso Chris solo tenía un mal día. Por supuesto, lo regañé y le expliqué que no debía morder a nadie. ¡Por fortuna este fue un caso aislado, y no el comienzo de un patrón de comportamiento hostil!

No obstante, la verdad es que, como madres, no debemos ser demasiado presumidas. El diccionario define la palabra *presumido* como «satisfecho en exceso, complaciente y escrupulosamente correcto». La Biblia la agrupa junto con el orgullo. Y sabemos lo que dicen los Proverbios sobre el orgullo… aparece antes de una caída.

> Podemos ser humildes solo cuando sabemos que somos los hijos de Dios, de valor infinito y amados por la eternidad.
>
> —MADELEINE L'ENGLE

¿Cómo saber si eres presumida con respecto a tu maternidad? Aquí hay dos pistas reveladoras:

*Los pensamientos críticos invaden tu mente cuando ves a otros niños menos que perfectos.* Los hijos de otra madre están en la tienda rogando por algo, gritando, dando un espectáculo. Ella está avergonzada, se le caen las cosas, y finalmente les grita a los niños. Piensas: *Eso nunca me ocurrirá a mí. Mis hijos jamás harían eso.*

O tu hijo adolescente está en la iglesia cada vez que se abren las puertas y fue recién electo presidente de su grupo juvenil. Pero la hija de tu amiga no puede ni siquiera ser arrastrada a los eventos juveniles. En realidad, está perdiendo el tiempo con la pandilla de la escuela. Y tú piensas: *Si sus padres oraran en voz alta durante el desayuno, o fueran a más estudios bíblicos, o enviaran a sus hijos a colegios cristianos, ella estaría más interesada en las cosas espirituales.* ¡Vaya! La presunción está oculta en tu actitud.

> Vestíos, pues, como escogidos de Dios, santos y amados, de entrañable misericordia, de benignidad, de humildad, de mansedumbre, de paciencia.
>
> —COLOSENSES 3:12

*No hay lugar para el progreso, las nuevas ideas o los consejos de nadie.* Por ejemplo, si crees que ya has dominado el mercado de la maternidad excelente porque controlas la escuela, y crees que todos nuestros problemas nacionales se solucionarían si todos hicieran lo mismo, debes ser un poco presumida. Si has seguido alguna fórmula para educar a tus hijos que te ha funcionado, eres diligente y disciplinaria, y no valoras ningún otro estilo para educar a tus hijos, ten cuidado. Si cambias de tema o le restas importancia cuando otra madre comparte su experiencia contigo, la presunción puede ser la causa. He descubierto que cuando perdemos nuestra «capacidad para ser enseñadas», nos estamos perdiendo la sabiduría que necesitaremos para el viaje que tenemos por delante.

Si sientes que la presunción ha invadido tu actitud, o si quieres evitarla, aquí hay algunos consejos:

*Camina con humildad y agradecimiento*, sin importar lo bien que se comporten tus hijos, cuán altas sean sus calificaciones, o cuán rápido progrese su crecimiento espiritual. Esto es bíblico. Y, además, si tus hijos están haciendo todo bien en este momento (o llegan a ser brillantes al final), se debe a la gracia del Señor más que a las habilidades de sus padres. ¡Dale gracias a él!

*Valora y respeta* otras maneras de criar, educar y comportarse como familia, en especial si difieren de tu modo de hacer las cosas. No te compares con otras madres: terminarás sintiéndote superior o inferior. Evita la trampa de la comparación mediante el reconocimiento de que Dios ha hecho a cada familia para un propósito y un llamado diferente. Deje que Dios sea Dios, y esfuérzate por brindar apoyo y guía a las otras madres.

*Sé compasiva* en vez de juzgadora. Envía al cielo una pequeña plegaria para esa mamá de la tienda, cuyos hijos se comportan de forma inapropiada. En lugar de juzgar a la triste madre cuya hija adolescente prefiere estar de juerga en vez de unirse al grupo juvenil, pásale un brazo por el hombro y ora con ella por su hija.

> La sabiduría está a veces más cerca cuando uno se inclina que cuando uno se eleva.
> —WILLIAM WORDSWORTH

*Evita los pensamientos del tipo «si... entonces»*, como por ejemplo: Si educo a mis hijos de acuerdo con los mandatos de Dios, si siempre los llevo a la iglesia y no les permito tal cosa (especifícala tú), si les ordeno ir al campamento cristiano cada verano, entonces serán de la forma exacta que yo deseo que sean. Por supuesto, esperas que ellos lleguen a ser excepcionalmente buenos, oras por esto y haces tu parte para ser la mejor mamá, y los nutres y guías por los caminos adecuados, sin embargo, recuerda que tus hijos tienen libre albedrío y que los pensamientos «si... entonces» pueden provocar decepción.

PREGUNTA PARA REFLEXIONAR

¿Cómo puedes brindar tu apoyo y gracia a la madre que está luchando con el mal comportamiento de sus hijos o algún otro aspecto de su vida familiar?

# 5

# Las personas son más importantes que los objetos

Lisa, una joven madre con dos hijos, estaba muy interesada en la restauración de una antigua mesa de granja de uno por dos metros que había estado en la familia por años. Esto implicaba quitar las siete capas de pintura que tenía, arreglarla y aplicarle varias capas de poliuretano. Sin embargo, estaba lista para hacerlo.

Con la ayuda de la abuela, Lisa comenzó el lunes por la mañana y llegó a quitarle las capas de pintura a la parte de arriba, hasta que tuvo que dedicarse a otras obligaciones. Dedicó todo el martes a quitar capas con un fuerte raspador, y al final del día le temblaban los músculos por el cansancio. El miércoles lo pasó en el garaje a cuarenta grados centígrados de temperatura, lijando y arreglando la mesa.

El jueves por la mañana temprano, Lisa le aplicó la primera capa de poliuretano. El viernes le colocó la segunda y tercera capa.

El sábado temprano estaba ansiosa por aplicar la última capa de poliuretano sobre su absolutamente preciosa mesa. Un amigo que pasó le dijo que su trabajo estaba asombroso: la base parecía de vidrio ya que estaba tan brillante que podía ver su reflejo. Durante quince minutos Lisa se complació con este comentario, y solo se dedicó a admirar todo lo que había logrado esa semana. No podía esperar a sentarse a esa mesa en su cocina, y que su familia disfrutara de una comida en ella.

Cuando otra amiga pasó y le dijo lo hermosa que era la mesa, Lisa estaba limpiando los trapos y los pinceles. Mientras hablaba con su amiga, oyó que le decían: «¡Mira, mami, puedo ayudarte!»

Su pequeña Samantha, de cuatro años, había ido al cuarto de las herramientas, había tomado un pincel que estaba empapado en gasolina, y lo estaba pasando con gran entusiasmo por su perfecta y pulida mesa. «¡Mira cómo te ayudo con la mesa, mami!»

Lisa sintió que se le aflojaban todos los músculos del cuerpo. Se congeló por el susto. Las únicas palabras que salieron de su boca fueron: «¡Oh, noooooooo!» Todas esas horas de trabajo en el calor. Todo ese esfuerzo para raspar, lijar y pintar... todo arruinado. Quería gritar: «Samantha, ¿cómo pudiste hacer esto? ¡Tú sabes cuán duro trabajó mamá en esto! ¿Por qué lo hiciste?» Sin embargo, se contuvo y respiró profundamente.

> Antes fuimos tiernos entre vosotros, como la nodriza que cuida con ternura a sus propios hijos.
> —1 TESALONICENSES 2:7

La sonrisa de Samanta se transformó en una expresión muy triste cuando de repente se dio cuenta de que no estaba ayudando a su madre. Lisa trató de explicarle que el pincel no tenía pintura, sino un producto químico que destruía la pintura. Le aseguró a su hija: «Todo va a estar bien, cariño. Déjame pensar un momento.

¿Por qué no vas a tu habitación, que yo ya subo enseguida?» Esta madre exhausta necesitaba unos minutos para calmarse y pensar.

Más tarde, cuando hablaron, Lisa le dijo a Samantha que podía arreglar la mesa y que les encantaría sin importar cómo quedara. Lisa llamó a su padre y él le dijo qué hacer para reparar la mesa. No obstante, le llevó cuatro largos y calurosos días más arreglar lo dañado y reparar el acabado.

La mesa se encuentra ahora en la cocina de Lisa con marcas de quemaduras debido al líquido para diluir la pintura (al utilizarlo dos veces dañó algunos lugares de la mesa). Sus fallas le recuerdan constantemente a Lisa que las personas son más importantes que las cosas.

¿Está la mesa tan perfecta como la primera vez que la había terminado? No. Sin embargo, ¿es eso en realidad importante? No. Lisa sabe que se trata solo de una mesa y que su hija es una maravillosa creación de Dios, con un resplandor y un brillo de Cristo en ella que es en verdad como el vidrio. A través de ella puedes ver el reflejo de Jesús... y *eso* es lo que realmente importa.

Lisa pudo haber herido el espíritu de Samantha ese día si hubiera estado más preocupada por la mesa no tan perfecta que por el corazón de su hija. Sin embargo, mucho antes de esa desgracia, Lisa había tomado la decisión de que las personas importan más que las cosas, y eso incluía a las mesas antiguas.

> Un hogar brillante es una cosa exquisita si no se les quita el brillo a los niños para tratar de mantenerlo de esa forma.
> —MARCELENE COX

Nuestra cultura nos alienta a valorar el dinero, las posesiones, una casa impecable, y comidas de gourmet en lugar de pasar tiempo con nuestros hijos. No obstante, cuando te concentras en tener una casa perfecta, cuidar las apariencias y hacer que todo luzca «perfecto» (incluyendo a los niños), tu perspectiva se desvirtúa.

A veces Dios trae a una persona poco común a tu vida para ayudarte a reacomodar tus prioridades. Un día, una mujer que conozco estaba entregando algo a su amiga Karen.

Cuando golpeó la puerta, no hubo respuesta, entonces entró en la casa. Vivía en un pequeño y tranquilo pueblo donde la gente dejaba las puertas sin llave. Al entrar vio pilas de ropa para lavar, platos sin fregar, y un desorden general. Lo primero que pensó fue: *¿Por qué Karen no cuida sus cosas? Mi casa está siempre impecable.*

Recuerda lo que importa. Las pequeñas cosas y las personas pequeñas pesan más en la balanza del cielo. Recuerda cómo era ser de ese tamaño cuándo vengan a tu mente las preguntas. Recuerda lo que se sentía al mirar siempre hacia arriba.

—DEENA LEE WILSON

Cuando miró hacia el patio trasero, vio a Karen con sus cinco hijos pequeños unidos en un círculo apretado. Se les veía muy contentos con lo que estaban haciendo. Salió y descubrió que Karen y sus hijos estaban observando una hilera de hormigas. Ese día, la forma de establecer prioridades de esta mujer cambió para siempre, porque entendió que si Karen hubiera estado dentro de la casa limpiando y lavando, tanto ella como sus hijos se hubieran perdido a las hormigas.

### PREGUNTA PARA REFLEXIONAR

¿Qué es lo más importante para ti? ¿Hay alguna hilera de hormigas que tus hijos se están perdiendo hoy porque estás muy ocupada ordenando tu casa perfecta?

# 6

# Sigue al líder

Jordan, con los brazos apoyados en sus caderas y apuntándole con el dedo, dijo: «¡Necesitas tomarte unas vacaciones!» Ella se encontraba reprimiendo a su madre porque se había enojado muchísimo con el perro que había escapado, y al que tuvo que perseguir por todo el vecindario. Kathy rió al darse cuenta de cuán parecida a ella sonaba su hija.

Casi todos hemos visto a nuestros hijos como reflejos nuestros, imitando lo que hacemos o decimos. Como una sabia madre más vieja me dijo una vez: «Los niños rara vez te citan con error. Por lo general, repiten palabra por palabra lo que tú no deberías haberles dicho».

Pero la buena noticia es que esta misma manera en que nuestros hijos nos observan e imitan lo que hacemos es una poderosa herramienta que podemos usar para motivarlos a realizar cosas positivas.

«¡Deseo que mis hijos estén motivados! ¡Deseo que les guste aprender, y no que lo vean como un trabajo pesado y aburrido!», dicen incontables madres en los grupos donde he dado charlas. En realidad, tienen con ustedes el mejor motivador de todos: su posición como modelo a seguir.

«Las acciones son más poderosas que las palabras», solía decir mi padre, y estaba en lo cierto. Las palabras son importantes, pero las acciones tienen un impacto aun mayor en nuestros hijos y ellos las imitarán con más frecuencia. Nos guste o no, nuestros hijos juegan a «seguir al líder», y durante muchos años nosotros —como mamás y papás— somos los líderes. Nuestros hijos reflejan nuestras actitudes y hábitos en muchísimas áreas.

El diccionario define la palabra *modelo* como «una persona o cosa que es considerada como un estándar de excelencia para ser imitado». Tú y yo podemos no sentirnos un estándar de excelencia, sin embargo, los niños observan con atención lo que hacemos. Observar a los adultos es la vía primaria mediante la cual los niños aprenden sobre las actitudes y comportamientos aceptables. Suponen que todo lo que nos ven hacer a nosotros está bien para que ellos también hagan. Adoptan lo que hacemos como los valores en base a los cuales viven.

Diversos estudios sobre el uso de los cinturones de seguridad, el tabaco, el alcohol y las drogas muestran que el principal factor determinante para que los niños digan «sí» o «no» es el ejemplo obtenido de sus padres, en especial de sus madres.

Por ejemplo, una encuesta demostró que las madres ejercen mucha influencia en el uso de los cinturones de seguridad en los autos. Más que las campañas televisivas o la presentación en la escuela de deportistas exitosos, estrellas de cine u oficiales de policía, el ver a mamá abrochándose el cinturón de seguridad tiene un poderoso efecto en los hábitos de seguridad de los niños. El mismo principio es válido para el fumar, la comida, la televisión, el beber, los modales en la mesa y el hablar: los niños tienden a hacer lo que sus padres hacen y no lo que ellos dicen.

Los hijos son mimos innatos. Se comportan como sus padres a pesar de todos nuestros esfuerzos por enseñarles modales.

—ANÓNIMO

No me malinterpreten, los papás también tienen un fuerte impacto en el deseo de los niños de aprender y progresar, sin embargo, la madre es la persona que se ocupa de la escuela, las tareas y el aprendizaje. Y ellas tienden a pasar la mayor cantidad de tiempo con los niños. Este es un pensamiento feliz y atemorizante a la vez. ¡Qué gran responsabilidad que tenemos las madres!

No obstante, considerémoslo de forma objetiva por un instante y pensemos cómo esto es un rol positivo que puede ayudar a nuestros hijos a transformarse en estudiantes motivados. La motivación se da en niños cuyos padres son intelectualmente activos y muestran entusiasmo sobre el mundo de los libros, las ideas y los números... los expertos dicen que es algo contagioso.

Un niño se enamora del aprendizaje de una madre que le gusta descubrir cosas, que es curiosa, que disfruta de aprender por el mero hecho de aprender, que agrega a su acopio de conocimiento solo porque es divertido. No es tan difícil, tampoco, ser un buen ejemplo en este sentido. Intenta con las siguientes sugerencias:

*Sigue aprendiendo.* Si no sabes algo —por ejemplo, cómo crece un cactus o cómo hacer coronas con la vid— ve a la biblioteca con tu hijo. Déjalo verte investigando en el catálogo computarizado, pidiéndole ayuda a la bibliotecaria, y encontrando fuentes. Si comienzas un taller sobre algún pasatiempo en un centro o escuela de la comunidad, tus acciones motivarán a tu hijo a buscar información útil sobre las cosas que le interesan. Además, aprender algo nuevo nos ayuda a estar alertas, lo cual nos es necesario si queremos mantenernos al día con el crecimiento de nuestros hijos.

> Una madre puede lograr más que cien maestras.
> —PROVERBIO JUDÍO

*Incentivar la escritura y la lectura.* Cuando le escribas una carta a tu tía abuela, o una nota de agradecimiento, o una carta para reclamar algo, permíteles a tus hijos ver lo que haces. Ellos comprenderán la utilidad de la escritura. Si eres una ávida lectora y pasas más tiempo leyendo que mirando la televisión, si tus hijos te oyen reír cuando lees las historietas del domingo o te encuentran disfrutando de una novela, lo más probable es que sean atrapados por la magia de la lectura. Y si te ven leer la Biblia y pasar tiempo con Dios de manera regular, sabrán cuán importantes son Dios y su Palabra. Tus acciones pueden ser el mejor sermón de todos.

*Reconoce tus errores.* ¡Incluso tus errores puede ser un buen modelo a seguir! Si te muestras gustosa de reconocer tus errores, aprender de tus fallas y pedir disculpas cuando hieres a alguien, tus hijos aprenderán el valor del arrepentimiento y cómo actuar frente a sus errores. Ellos tenderán a arriesgarse a cometer un error para crecer, sabiendo que cuentan con el apoyo de sus padres, quienes no son perfectos... sino solo han sido perdonados.

### Pregunta para reflexionar
¿Cuáles son los ejemplos positivos que puedes establecer para tus hijos esta semana que los ayuden a construir su carácter o incrementar su motivación?

# 7

# Enséñales a tus hijos a orar

Patty, una joven madre que conozco, ya estaba finalizando la tarea de sus hijos cuando sonó el teléfono.

«¡Los árboles que están aquí cerca están incendiándose!», gritó su hermana Marianne. «Ya llegaron los bomberos. Nos dijeron que tomemos los documentos y los medicamentos importantes y no vayamos. ¡En solo diez minutos las llamas alcanzarán nuestra casa!» La familia de Marianne vivía sobre unos terrenos rodeados por bosques, y la sequía de Texas solo hacía que el fuego se expandiera con más rapidez.

Mientras Marianne tomaba los álbumes de fotos y arrancaba las de las paredes, rogó: «¡Oren por nosotros!»

Patty se lo prometió, y al instante comenzó a orar pidiéndole a Dios por el hogar de su hermana y por su familia, mientras abría el cajón del escritorio para buscar los números telefónicos de la cadena de oración. *Movilizaré a todos los oradores que conozco*, pensaba mientras marcaba el primer número. Cuando colgó para llamar a otro, Patty se dio cuenta de que su hijo de segundo grado, Andrew, y su hermano mayor, Grant, habían escuchado la conversación. Supo entonces que la cadena de oración necesitaba empezar justo allí con sus hijos.

Patty fue a buscar su Biblia, y tomando de las manos a Grant y a Andrew, oró con ellos para que Dios retirara el fuego del hogar de su hermana, salvara tantos árboles como fuera posible, y les diera ventaja a los bomberos. Luego le sugirió a Grant que le leyera el Salmo 91 en voz alta a Andrew y orara con él mientras ella se conectaba con otras personas para la cadena de oración.

Mientras realizaba el resto de las llamadas, Patty veía a sus hijos en la habitación contigua intercediendo por sus primos, tía y tío. Cuando su madre se les unió, continuaron con el Salmo 91 y se detuvieron unos instantes en los versos 9 y 10, que dicen: «Porque has puesto a Jehová, que es mi esperanza, al Altísimo por tu habitación, no te sobrevendrá mal, ni plaga tocará tu morada». Al recordar que Marianne le había puesto a su casa «Alas en cruz» varios años atrás, oraron el versículo 4, pidiendo que Dios cubriera el hogar con sus alas y que la familia encontraría refugio allí mientras los ángeles alejaban las llamas.

Pasaron unos rápidos minutos mientras leían los versículos y oraban, y no mucho después sonó el teléfono de nuevo. Patty se abalanzó sobre él para responder, su corazón latía con fuerza. Era Marianne, pero esta vez con buenas noticias. El fuego había quemado seis terrenos y estaba a unos veinte metros de su casa cuando fue apagado. Los bomberos continuaban trabajando sobre las brasas, pero el incendio estaba controlado y su hogar se encontraba a salvo.

Y todos tus hijos serán enseñados por Jehová; y se multiplicará la paz de tus hijos.

—ISAÍAS 54:13

Patty estaba muy alegre por haber incluido a sus hijos en el círculo de oración y porque ellos habían tenido la oportunidad de entrar en acción (en lugar de preocuparse y sentirse inútiles) cuando algo malo sucedía. Incluso estaba más feliz porque ellos habían presenciado la poderosa respuesta de Dios.

Sin embargo, no es necesaria una crisis para encontrar motivos para orar con tus hijos. Existen innumerables problemas y circunstancias cotidianas, tus propias necesidades y las de los demás, para orar juntos. Y cuando tu plegaria es la respuesta instantánea en vez del último recurso, estarás ayudando a tus hijos a comprender la importancia de encomendarse a Dios tanto para las cosas pequeñas como para las más grandes.

Cuando hablo sobre la oración, las mamás me preguntan por lo general: «¿Cómo puedo enseñarles a orar a mis hijos?» He aquí algunas formas:

*Ora tú, y pídeles a tus hijos que te acompañen a hacerlo.* De la misma manera que sucede con la varicela o un resfriado común, la motivación para orar es contagiosa. Y los niños la atrapan de padres que hablan y escuchan a Dios con sus hijos en lo cotidiano. La herramienta de enseñanza más poderosa que posees es responder con la fuerza de la oración todas las necesidades, cargas, preocupaciones y vicisitudes que enfrentas.

> La oración es algo tan simple como un hijo haciéndoles saber a sus padres cuáles son sus necesidades.
> —OSWALD CHAMBERS

Ayuda a tus hijos a ver las cosas a su alrededor como ayudas visuales que los insten a orar. Cuando vean un espacio de estacionamiento para discapacitados, podrían orar por aquellos con necesidades especiales y discapacidades. Si te encuentras conduciendo y oyes una sirena o ves una ambulancia que avanza veloz por tu calle, pídele a alguno de tus hijos que envíe una plegaria al cielo por aquellos que trabajan en la sala de emergencias que tratarán a los heridos y por la seguridad de los conductores de la ambulancia. Y, tal como lo hizo Patty, incorpora a tus hijos a la cadena de oración cuando ocurre una situación de emergencia o un problema.

*Ora de la manera en que conversas.* En lugar de antes del almuerzo decir una oración rotatoria formal, háblale a Dios como a un amigo. Usa un vocabulario simple, conversacional, y oraciones cortas en vez de formales, largas y con palabras adornadas. Los niños pensarán: *Yo también puedo hacerlo,* y estarán más dispuestos para hablarle a Dios a su modo sabiendo que él los escuchará. Incentiva a tus hijos a utilizar palabras cortas como «*Ayúdame, Dios*» o «*Gracias, Señor*», ya que estas son oraciones maravillosas. Y enséñales a orar imponiendo las manos, por ejemplo, coloca un globo terráqueo en medio de la mesa y, permitiéndoles girarlo, digan una breve bendición por el país en el que apoyaron sus manos.

*Fundamenta tus oraciones en la Palabra de Dios.* ¿Te han contestado tus hijos: «¡No sé qué decir!» cuando les pides que oren? Enséñales cómo la Biblia puede darles forma a sus oraciones. Cuando los niños aprenden a orar la Palabra de Dios, aumenta su vocabulario al igual que su confianza, ya que sus oraciones dan en el blanco y se alinean directamente con lo que Dios quiere para sus vidas. Al decir versos como Filipenses 4:13: «Todo lo puedo [incluso las difíciles tareas de matemáticas] en Cristo que me fortalece», o el Salmo 106:1: «Alabad a Jehová, porque él es bueno», pueden empezar a conversar con Dios.

Una oración desde el corazón del hijo al Padre jamás es en vano.

—ELISABETH ELLIOT

Cuando reflexiones sobre las experiencias cotidianas de la vida y las conviertas en momentos de plegarias con tus hijos, los estarás guiando hacia una relación más estrecha con su Padre celestial y a una invaluable fuente de ayuda y gracia para el resto de sus vidas.

PREGUNTA PARA REFLEXIONAR

¿Cuál es la mayor necesidad de tu familia? Busca un pasaje de la Biblia que haga referencia a ella y oren juntos.

# 8

# Un sentir por tu hogar

En estos días en que se vive de forma tan acelerada es fácil que el lugar donde vives se transforme en una parada temporal en vez de un hogar... un lugar por donde pasar para calentarse algo en el microondas para comer, o cambiarse de ropa entre una actividad y otra, pero no un sitio donde transcurre la vida real. Algunas veces nos percatamos de lo que está ocurriendo «allí», de que ese lugar al que nos apresuramos por llegar es mucho más importante que lo que sucede entre nuestras cuatro paredes. Entonces aparece el problema de crear un hogar. Y si estás viviendo «temporalmente», ese sí que es un desafío. No obstante, incluso a un pequeño lugar o departamento, puedes llevar tu corazón —tu personalidad, tu individualidad y creatividad— para crear un hogar.

Cuando Holmes y yo nos casamos en 1969, vivíamos en un dúplex con una habitación en un barrio humilde en Waco, Texas. Nuestro presupuesto también era pequeño: veintisiete dólares semanales para la tienda, ciento quince dólares para la renta, cinco dólares semanales para el combustible y muy poco para nuevos accesorios o muebles. Teníamos un sillón de mimbre de supermercado con un almohadón de cordero naranja de mis padres, un encantador juego de platos, algunos utensilios de cocina, y una pequeña caja con recetas que ansiaba preparar. Por fortuna, el dúplex venía con una cama, un armario y una vieja mesa de comedor, ya que no poseíamos nada de eso. Colocamos los candelabros (un regalo de bodas) sobre la mesa, y Holmes hizo una lámpara para el living. Unos meses más tarde, ahorramos lo suficiente como para ir a un mercado al aire libre donde vendían artículos usados, donde conseguimos un viejo tablero de arquitecto por diez dólares para poner plantas y unos marcos de uso para colocar unas pinturas no muy caras que habíamos comprado en un museo.

¡No se asemejaba al catálogo de *Pottery Barn*, pero era mi hogar! Calificaba los exámenes por las noches, ya que enseñaba inglés durante el día. Invitábamos a nuestros amigos a comer espagueti o a tomar helado. Fue algo temporal... solo vivimos allí por un año y medio. Después de que asaltaron cuatro casas en el vecindario, encontramos una casita para alquilar.

> Cualquiera puede construir una casa. Necesitamos del Señor para la creación de un hogar.
>
> —JOHN HENRY JOWETT

En cada uno de los sitios donde vivimos, pintamos, arreglamos, colgamos cortinas y empapelamos... creando así un lugar al cual llamar hogar. Cuando llegaron los niños, restauramos una mecedora, hicimos una decoración al estilo *Andy el andrajoso* sobre las paredes, pintamos un viejo armario y le colocamos cajones verde lima, azules y amarillos (recuerda, era la década del setenta). ¡Pensamos que habíamos creado la habitación para bebé más linda del mundo!

¿Cómo puedes construir un hogar, un lugar donde rejuvenezcan tu corazón y el de tu familia, donde tenga lugar la creatividad, se creen recuerdos, se lean libros y se mezclen la risa y los juegos con los quehaceres?

*Rodéate de objetos que tú y tu esposo amen*, objetos que signifiquen algo profundo, como una atesorada colección de cuentos, elementos de tu pasatiempo preferido, flores (de tu propio jardín si es que no puedes costear un florista), fotos familiares, colecciones de caracoles o algo especial para ti, y una colcha en la que te cobijas cuando tienes frío.

*Pinta y arregla ahora, no después*. No esperes hasta que pongas tu casa a la venta para empapelar, pintar o finalizar esos proyectos que la hacen más confortable y habitable. Y no esperes a que la decoración esté «perfecta», o hasta que tengas un comedor más grande o un juego de sillas y mesa nuevos, para invitar a tus amigos a cenar. La pintura fresca, las cortinas hechas en casa y las fotos en las paredes pueden hacer que una habitación sea más tentadora. Haz estas cosas poco después de mudarte, así puedes disfrutar del lugar donde vives justo desde el comienzo y durante toda tu estadía allí. Recuerda que todas tus casas en la tierra son temporales, incluso si eres propietario. Nuestro verdadero lugar para morar está con el Señor, ¡y cuando lleguemos al cielo no tendremos que empacar nunca más!

> Hogar no es solo donde vívimos.... es donde crecemos.
> —CHRISTINA, OCHO AÑOS

*Ora por un sentir por tu hogar*. Una vez que las paredes estén pintadas y los muebles lustrados, es tan fácil comenzar a concentrarse en el trabajo, la iglesia, la escuela u otras actividades, que descuidas tu casa y queda poco para compartir con la familia. Para crear un hogar —con su apariencia de orden, amor, cálida hospitalidad y recuerdos amados— es necesario que quien desea hacerlo entregue el corazón. Si tu corazón necesita un poco de calidez para el hogar, pídele a Dios por eso que deseas. Pídele a él lo que sea que falte: el sentido del orden, una imagen de influencia mayor, o un mentor que comparta consejos prácticos y te ayude en el área del cuidado del hogar.

*¿Abrumada por las tareas?* Cuando era una madre joven, siempre esperaba en secreto que mi hada madrina apareciera y limpiara mi casa, en especial en esos días en los que estaba cansada y abrumada por las montañas de pañales sucios (no podíamos costear los desechables), la ropa para lavar y los platos sucios. ¡No era una persona ordenada por naturaleza! Elisabeth, una señora que invitaba a las madres jóvenes de la iglesia a su casa para el grupo «Ora y comparte», tenía la casa más asombrosamente ordenada, y a mí me gustaba echarle un vistazo a sus cajones y armarios ordenados a la perfección. El estar con ella (y hacerle preguntas) me inspiró e hizo que le pidiera a Dios aun más: *Señor, ayúdame en esta área del cuidado del hogar.*

¿Y sabes qué? Él lo hizo. Mi dulce esposo siempre estuvo a mi lado apuntalándome y ayudándome. Descubrimos que lo que funcionaba para nosotros como familia (en especial cuando estaba dando clases a medio tiempo y ayudando a Holmes en su tienda) era realizar dos horas de quehaceres domésticos los sábados, todos juntos. Cada uno tenía una lista, incluyendo los niños, y después íbamos al parque o a comer una pizza. Descubre qué es lo que funciona para ti.

**Cosas simples que hacen de un hogar un refugio:**

• Escucha un disco compacto de música clásica o cristiana, o enciende la estación de radio de música clásica de fondo en lugar de la televisión.

- Comienza la cena más temprano y prepara un guiso. Luego agrega pan francés y ensalada de una bolsa y ya está... una encantadora comida para ti y tu familia, o incluso para un invitado. Después, durante el tiempo previo a la cena, cuando los niños están por lo general hambrientos y ansiosos porque llegue papi, prepara una «hora feliz». Sirve algunos vegetales frescos y una salcita o rodajas de frutas con queso y arma un juego.
- Ruega a Dios para que tu corazón y tu hogar se llenen de amor y paz cada día.

PREGUNTA PARA REFLEXIONAR

¿Qué hace que te sientas a gusto? ¿Un rincón para tu pasatiempo, un diván en el cual echarte para una siesta imprevista, algunas plantas verdes, una canasta con libros? ¿Qué necesitarías para «construir» tu hogar?

No hay nada como quedarse en casa para la verdadera comodidad.

—JANE AUSTEN

# 9

# Marcas de dedos en la pared

Corrí hacia la tienda, con mi bebé de ocho meses en brazos y mi hijo de tres años de la mano, para buscar Tylenol, una receta, jugo de manzanas y otras menudencias. Venía de regreso a mi hogar desde el consultorio del doctor y mi lista con las «cosas para hacer» no estaba ni cerca de estar finalizada. Tenía que preparar la cena, hacer los quehaceres domésticos y lavar los pañales que estaban esperándome en casa.

Tomé las cosas que necesitaba y me dirigí hacia la caja registradora, y estaba esperando impaciente que me dieran el vuelto para salí por la puerta con rapidez cuando de repente una señora mayor apareció detrás. Me detuvo y dijo: «Aminora la marcha y disfruta a tus niños mientras son pequeños. ¡El tiempo pasa tan rápido! Mis dos hijos son adultos ahora y viven en costas diferentes. ¡Cuánto los extraño! Desearía poder pasar un día con ellos».

El tiempo no parecía transcurrir muy rápido. En realidad, algunos días parecían interminables. Aquellos eran los días en que apenas podía ver por encima de las pilas de pañales sucios, cuando estaba encerrada con los brotes de bronquitis de mis hijos o sus infecciones de oído, la leche derramada, o sus gritos de «¡Mami!» En aquellos días me parecía que no había hablado con un adulto en semanas. Tampoco ayudaba el hecho de que Holmes trabajara todo el día y, debido a que éramos nuevos en la ciudad, no conocía a otras mamás.

No obstante, sabía que la señora estaba en lo cierto. Y al llegar a casa ese día me tranquilicé lo suficiente como para construir torres y castillos con el juego de bloques para armar de mis hijos, y luego fuimos al parque a caminar.

Quizás tú también recibiste un consejo similar de una madre mayor... pero lo pasaste por alto. Y la verdad es que la infancia de tus hijos transcurre con rapidez. Sabes que algún día crecerán, pero en realidad ese día llega pronto. En un abrir y cerrar de ojos cada uno de ellos se estará yendo a la universidad. Intenta este pequeño ejercicio: cierra los ojos e imagina a tu hijo caminando por el pasillo el día de su graduación. Cubierto con la toga negra y el gorro, atraviesa el escenario cuando pronuncian su nombre y toma su diploma. Luego, unos meses después, junta todas sus pertenencias en su automóvil y se va hacia la universidad. Cuando eso suceda, no te pondrás a pensar: *Me hubiera gustado pasar más tiempo en la oficina o lustrando los pisos.*

Recuerdo la mañana después de que nuestro hijo Justin se casó. Estaba vistiéndome cuando de repente creí oír su tan particular y maravillosa risa que provenía del frente de la casa. ¡Cuánto me gustaba esa risa! Pero luego me invadió un sentimiento de

Se habrá ido antes de que lo sepas. Las marcas de los dedos en las paredes aparecerán cada vez más y más arriba... hasta que, de repente, desaparecerán.

—DOROTHY EVSLIN

tristeza y pensé: *No, ese no puede ser Justin. Él ya no vive más con nosotros. Ya tiene su propio lugar donde viven él y Tiffany.* (¡Además sabía que estaban de luna de miel!) No obstante, en ese momento, la casa me pareció muy tranquila. Las fotos de la graduación sobre el piano. Los juguetes guardados en el ático. Sin la música proveniente de su habitación.

Tal vez tu hogar todavía esté lleno de pisadas de niños pequeños (o grandes) que corren, rebotan o saltan y rara vez caminan. ¡Qué afortunada eres! O tal vez estés a punto de ver cómo tus hijos se van del nido. Como me comentó mi amiga Melina un verano: «Dentro de dos años, Gib habrá partido hacia la universidad. ¡Cómo desearía detener el tiempo! ¡Transcurre tan rápido!»

No podemos detener el tiempo, ya que la vida continúa y tus hijos crecen; entonces, ¿qué puedes hacer para saborear y disfrutar el tiempo que tienen para estar juntos? ¿Cómo puede una madre sacar provecho de esos años que pasan volando, a veces agotadores, de la crianza de sus hijos?

> Tal vez los padres disfrutarían más a sus hijos si se detuvieran para darse cuenta de que la película de la infancia de sus hijos no puede rebobinarse para volver a ser vista.
>
> —Evelyn Nown

*Mira tu vida por etapas.* Reconoce que, como mujeres, vivimos nuestra vida en etapas y que ninguna situación familiar es estática. Tanto la vida como las posibilidades serán diferentes cinco o diez años más adelante del camino. Aceptar esta verdad es vital en especial en la actualidad, ya que tendemos a pensar que tenemos que hacer todo este año o que hay ciertas metas por alcanzar antes de los treinta. Es también importante considerar a la familia cuando tomamos decisiones sobre el trabajo y las finanzas, porque esto provocará un impacto en ellos.

Como dice Brenda Hunter, habrá «tiempo y mundo suficientes» para soñar nuevos sueños, dedicarse a una carrera y focalizar las energías en diferentes direcciones una vez que ya hayamos criado a nuestros hijos. «Podemos tenerlo todo, pero no todo al mismo tiempo», dice ella. «Y si vivimos cada día al cien por ciento, no miraremos hacia atrás sobre el terreno de nuestras vidas con dolor emocional por no haber estado accesibles para nuestras familias mientras nuestros hijos se encontraban en casa».[4]

Hace poco conocí a una señora en un avión que había criado a cinco hijos, una madre a tiempo completo. Después de eso, obtuvo un doctorado en justicia criminal y trabajó con adolescentes que tenían problemas con la justicia. Más tarde, continuó hasta obtener un segundo doctorado en sicología. Cuando la conocí, ya había ejercido como consejera matrimonial y familiar por más de diez años, y tenía más energías que muchas de treinta. Estaba cumpliendo los objetivos que se había propuesto y era una fuerte mujer de sesenta años.

> Hay muy poco espacio vacío. El espacio está garabateado, el tiempo fue llenado. Demasiadas actividades y gente y cosas ... Pero no solo lo trivial se esparce por nuestras vidas, sino también lo importante.
> —ANNE MORROW LINDBERGH

Incluso cuando te encuentras en los años activos de la maternidad, puedes desarrollar tus dones y talentos, ser voluntaria en la escuela de tu hijo, o en la iglesia, o en la comunidad. También existen negocios en el hogar, trabajos con horarios flexibles y otras opciones, los cuales le permiten a las madres mantener como prioridad a su familia. Si te apasiona la jardinería, trata de que el jardín sea tu lienzo. Si te encanta escribir o alguna otra actividad creativa, separa pequeños espacios de tiempo para dedicarte a ello.

*Encuentra tu propio tiempo para «aminorar la marcha» juntos.* «Mi mejor consejo para las madres jóvenes es que aminoren la marcha», dijo Leonette, una señora mayor que conocí una vez. «Podemos involucrarnos tanto en las cosas que hacemos y en tener todo hecho que comenzamos a ver a nuestros hijos como interrupciones en vez de prioridades» agregó.

Al acostarte de espaldas sobre una colcha para observar las constelaciones en el cielo nocturno, descubrirás que el tiempo trascurre un poco más despacio. Aquellos momentos sentada sobre el borde de la cama de tus hijos para escucharlos, alentarlos y orar por sus preocupaciones son preciados. Al igual que tomarse un tiempo para caminar, compartir un helado o leer recostados en bolsas de dormir al lado del fuego.

> Enséñanos de tal modo a contar nuestros días, que traigamos al corazón sabiduría.
>
> —SALMO 90:12

*No permitas que ni tú ni tus hijos se encuentren tan atareados y con tantos compromisos que estén constantemente corriendo de un lugar a otro.* Un estudio reciente demostró que la mayor causa de estrés en la vida de una mujer es que tiene demasiadas cosas para hacer y no le alcanza el tiempo. Esto provoca que se sienta dividida en pequeños fragmentos, dirigiéndose en demasiadas direcciones. En lugar de llenar la agenda con actividades para ti y para tus hijos, permítele a cada uno de ellos elegir una actividad extracurricular cada seis meses solo para ellos, y una actividad semanal para hacer contigo y tu esposo.

La vida es un regalo. Todos los días son un regalo. Mientras le entregas tu tiempo a Dios cada día, ten en mente qué es lo más importante. Luego, como aquella niñita que hilaba la paja y la transformaba en oro en el cuento «*Rumpelstiltskin*», puedes utilizar ese tiempo y ver cada momento convertido en algo valioso.

### Pregunta para reflexionar

¿Qué es lo que en realidad te importa? Escribe qué es más importante y no negociable en tu vida. Podrías incluir: El amor de tu marido, tus hijos, tu familia y amigos. El gozo por saber de Dios. Ayudar a un amigo que ha perdido a un hijo o que se encuentra en el hospital. Tener tiempo para una caminata, para crear algo o para cantar. Hacer que nuestra casa sea un lugar acogedor. Enseñarles y ayudar a tus hijos a conocer a Jesús. Luego, pregúntate a ti misma: *¿Estoy empleando mi tiempo para hacer estas cosas y conseguir estos objetivos?*

# 10

# Escucha con tu corazón

Una mamá a quien conocí en una conferencia me contó sobre una vez en la que se encontraba en pleno bullicio en la cocina, preparando la cena para unos invitados. Su pequeño Matt la perseguía, le tironeaba de la falda, trataba de contarle lo que había ocurrido ese día en la escuela.

—Mami, estaba en el parque y Jake vino corriendo y me golpeó, y me caí del columpio y no sabía qué hacer, entonces yo...

—Está bien, cariño, tengo que terminar la cena, y estoy un poco retrasada —le dijo ella.

—Aquí está el dibujo que pinté. ¡Mira! —exclamó Matt.

—En unos instantes, en cuanto termine esto...

Él continuó hablándole, contándole otra historia. Mientras se encontraba resumiéndola, le preguntó:

—¿Estás escuchando?

—Por supuesto, cariño —respondió mientras apagaba la batidora y se disponía a arreglar la mesa.

Finalmente, Matt la detuvo. Ella se agachó y se miraron a los ojos. Él colocó sus manos sobre las mejillas de su madre y dijo:

—¿Podrías escucharme con tu rostro, mami?

Muchas de nosotras somos como esta madre. Hablando podemos manejar las cosas. De hecho, la mujer promedio pasa un quinto de su vida hablando y dice treinta mil palabras por días, las necesarias para llenar, por año, sesenta y seis libros de ochocientas páginas cada uno. Yo soy de las que hablan treinta mil palabras por día. Escuchar, en especial prestando nuestra total atención, no es lo que mejor hacemos. A veces nos encontramos muy ocupadas para escuchar o muy distraídas, o le estamos dando de comer al bebé y haciendo malabares para cumplir con todo.

Sin embargo, antes que nos demos cuenta, nos estaremos preguntando por qué nuestros hijos no nos hablan (en especial, si son preadolescentes o adolescentes) y deseamos que lo hicieran. De lo que nos olvidamos es de que el ochenta por ciento del proceso comunicativo se basa en escuchar. Una vez alguien dijo que no es mera casualidad que Dios nos haya dado dos oídos y una boca.

Tómate un momento para escuchar hoy
lo que tus hijos intentan decir...
Escucha sus problemas
Atiende a sus necesidades...
Tolera su parloteo
Amplifica su risa
Descubre cuál es el problema
Averigua qué es lo que persiguen
Diles que los amas
Cada noche en particular...
Escúchalos hoy, sin importar lo que hagas
Y ellos regresarán a escucharte a tí.

—Anónimo

Esto debería decirnos algo. No obstante, a pesar de que «escuchar» es el aspecto más importante en lo que a la comunicación se refiere, es siempre el más olvidado.

Para mí, convertirme en una mejor oyente de mis hijos ha sido un largo viaje. Provengo de una familia de cinco hijas, todas habladoras, y un hermano menor que tuvo que trabajar duro para poder decir un bocadillo. Cuando advertí mi gran deficiencia en esta área —en cierto modo similar a la experiencia de la mamá de Matt— hice que el escuchar fuera uno de mis objetivos. No he llegado, pero he descubierto algunas maneras para mejorar:

*Cuando tu hijo habla*, has contacto visual y presta atención a sus palabras, sentimientos y lenguaje corporal.

*Comienza poco a poco*. En lugar de proponerte escuchar a tu hijo o a tu esposo durante una o dos horas, empieza con un objetivo menor, como pasar cinco minutos por día escuchando a cada uno.

*Mantente disponible para hablar* en cualquier momento, día y noche. Y muestra entusiasmo para hablar sobre temas delicados sin reaccionar de modo escandaloso. Cuando armas escándalo por lo que tus hijos comparten contigo, tenderán a guardárselo y no contarte nada importante.

*Realiza buenas preguntas*, del tipo de las que tienen un final abierto. Las preguntas cerradas pueden responderse con un «sí» o un «no», y le cierran la puerta a la conversación. Por otro lado, las preguntas con un final abierto los alientan a pensar y a comunicarse, y no poseen una respuesta acertada ni una equivocada. Por ejemplo, en vez de preguntar: «¿Cómo te fue en la escuela hoy?» (que obtendrá como respuesta un «bien») intenta con: «¿Cuál fue tu parte preferida del día?», o «¿Qué fue lo peor que ocurrió hoy?» Puedes tratar con preguntas divertidas como: «¿Cómo sería tener alas en lugar de brazos? ¿Qué podrías hacer que ahora no puedes?»

*Practica el escuchar de forma activa*. Esto no significa necesariamente juzgar cada comentario que sale de la boca de tus hijos con un: «No deberías sentirte así». En lugar de decir: «No sé por qué estás tan enojado porque no te hayan elegido para formar parte del

> La paciencia y la humildad del rostro que ella amaba tanto era una mejor lección para Jo que el sermón más inteligente y la refutación más profunda.
> —LOUISA MAY ALCOTT, JOVENCITA

equipo durante el recreo», más bien podrías señalar: «Parece que estás enojado y herido por no haber sido elegido para el equipo. Puedo entenderte». Y hazles saber que en verdad los escuchas antes de ofrecerles soluciones para sus problemas.

*Cuando ocurra alguna situación problemática o algún conflicto*, ora en silencio por tu hijo mientras habla. Pídele a Dios que introduzca sus pensamientos en tu mente y te indique cómo responderle.

> Por esto, mis amados hermanos, todo hombre sea pronto para oír, tardo para hablar, tardo para airarse.
> —SANTIAGO 1:19

Un consejero me dijo una vez que, para muchos niños, el mundo puede asemejarse a un terreno escalofriante. Es entonces cuando deben entrar en acción los padres, para ayudarlos a moderar los miedos y dolores normales y predecibles de la niñez y de la adolescencia. El compartir tiempo, hablar y tener a alguien que escuche con el corazón son la mejor receta contra las batallas del crecimiento.

Y la buena comunicación trae consigo un beneficio colateral: fomenta el aprendizaje y los logros de los niños. Las investigaciones demuestran que los estudiantes que realizan bien las evaluaciones mentales y las tareas escolares tienden a provenir de hogares donde hay mucha comunicación. Cuando los niños y los padres conversan y se escuchan unos a otros, cuando los niños se sienten cómodos para compartir sus ideas y sentimientos, se estimula el crecimiento intelectual, y esos niños son más curiosos, motivados y entusiastas a la hora de aprender.

### PREGUNTA PARA REFLEXIONAR

¿Cuánto te escuchaban cuando eras una niña? ¿Eres más del tipo que habla o del que escucha? Si tienes más de un hijo, ¿cómo te relacionas con el estilo y la etapa de comunicación de cada uno? ¿Cuál de las sugerencias mencionadas con anterioridad llevarías a la práctica para escuchar con tu corazón?

# 11

# Cultiva la amistad con otras madres

Recién nos habíamos mudado a la ciudad de Oklahoma con nuestros tres hijos, dos niños de menos de cinco años y una bebé de tres semanas, Alison, en mis brazos. Era unas semanas antes de Navidad. Sin familiares ni amigos en la zona, me dediqué a desempacar cajas y tratar de decorar la casa, combinando la alimentación, el cambio de pañales y el trabajo de la casa. Los tres niños habían sufrido un ataque de bronquitis y estaban con fiebre. Malhumorados y aburridos, deseaban salir y jugar con los niños del vecindario, pero no conocían a nadie. ¡Estaban cansados de que les contara los mismos cuentos, de pensar que la Navidad nunca llegaría y de que sus abuelos no estuvieran ya allí!

En lo que a mí respecta, me sentía aislada y un poco triste en esos largos días y noches que mi esposo se encontraba trabajando en la tienda al otro lado de la ciudad. El último lugar en el que habíamos vivido era Tulsa, cuya población estaba conformada por gente mayor y mujeres que trabajaban, sin ninguna madre a tiempo completo, así que me encontraba muy necesitada de compañía adulta. Era una temporada de festejos, pero no teníamos reuniones a las que asistir. Estaba todavía tratando de aprender el camino para ir al médico, a la tienda y al supermercado sin perderme. *Si solo hubiera alguien a quien llamar, o si conociera a alguien en el vecindario que también tuviera hijos.* Me encontraba tan sola que quería llorar.

De pronto alguien golpeó a mi puerta. Una madre que parecía de mi edad sonrió y me entregó una invitación hecha a mano para un café navideño el sábado. Mientras remolcaba a sus dos niños me dijo: «Trae a tus hijos también, y galletas o pan. Únete a nosotros si tienes tiempo».

> Un verdadero amigo es quien conoce todo sobre ti, y todavía le agradas.
>
> —CHRISTI MARY WARNER

¡Si tuviera tiempo! No podía esperar hasta el sábado. Como nueva vecina, ese café me pareció la mejor parte de mis primeras vacaciones en una nueva y extraña ciudad. La mesa decorada con un mantel estilo campesino estaba colmada de galletas, café y tibias rodajas de pan de nuez que cada mujer había llevado. El aroma de sidra caliente invadía la habitación, mientras cuatro madres y yo nos sentamos alrededor del hogar a conversar sobre nuestras vidas, de dónde veníamos y sobre nuestros hijos. Eso nos dio mucho tema de conversación... ¡en total sumaban catorce niños!

Podía ver a través de la ventana a los niños abrigados jugar en el patio trasero. Mientras charlábamos, sugerí que iniciáramos un grupo de juegos en el vecindario, para que ellos —y nosotras— nos conociéramos mejor y pasáramos un tiempo fuera de la casa durante el invierno. Mi soledad comenzó lentamente a disiparse a medida que conocía a estas nuevas amigas, llevábamos a nuestros pequeños de paseo, íbamos al parque, o comíamos emparedados de mantequilla de maní junto con nuestros hijos. ¡Qué alegría es tener amigos!

He descubierto lo difícil que es ser la madre que debes ser cuando estás sola y aislada. Estamos destinadas a relacionarnos junto con nuestros hijos, no a ser *madres guardabosques solitarias*. Funcionamos mejor cuando tenemos a alguien con quien compartir las alegrías, las batallas y las cargas de ser madres... alguien con quien reír sobre las cosas raras que hacen nuestros hijos, o con quien tomar un café o salir de paseo. Un amigo puede apaciguar tus miedos, orar por ti, ir a tu lado en el viaje de la maternidad. Aunque tengas una maravillosa e íntima relación con tu esposo y tus hijos, esto no elimina la necesidad de las amigas. En realidad, cuando tienes hijos, *verdaderamente* necesitas amigos. Y por lo general es debido a esas amistades que somos capaces de dar lo mejor de nosotras mismas a aquellos que más queremos.

> Recuerda, el regalo más maravilloso de todos no se encuentra en una tienda ni debajo de un árbol, sino en el corazón de un verdadero amigo.
>
> —CINDY LEW

Sin apoyo o aliento, las cosas pueden parecer abrumadoras, como le sucedió a mi amiga Jan. De la noche a la mañana se convirtió en la madre de tres niños de ocho, doce y catorce años, cuando a los treinta y tres se casó con el padre de ellos, un viudo. Después de su luna de miel, se enfrentó a muchos desafíos: cocinar, lavar la ropa y los platos de cinco personas en vez de una, sentirse una extraña en su propia casa, y tratar de controlar a tres niños de carácter fuerte, que habían estado haciendo lo que les placía por un tiempo. Se sentía muy sola y a menudo no sabía si

estaba haciendo lo correcto en lo que se refería a los niños. Finalmente, llamó a Sheryl, una amiga de la iglesia. A través de sus conversaciones comenzó a darse cuenta de la causa de los problemas,
por lo que pudo responder en vez de reaccionar. Una madre con
más experiencia, que ya había criado a dos adolescentes, también
la alentaba y la aconsejaba cuando lo necesitaba.

Quizás, como yo o como Jan, tú hayas tenido momentos de
soledad. Tal vez te has mudado o en tu vecindario ya no hay
madres de tu edad. O quizás tienes una vida tan colmada de tareas, responsabilidades y niños que gritan a tu alrededor que no has
tenido tiempo para una amiga. No tienes que sentir que te
encuentras en una isla rodeada por un mar de pañales o pelotas de
fútbol. Hay mamás allá afuera que necesitan amigas tanto como
tú. Aquí hay algunos consejos para encontrarlas:

*Comienza o asiste a un grupo de madres.* MomTime es un
ministerio comenzado por la escritora, actriz y madre Lisa Whel-
chel para brindarles a las mamás un tiempo sin interrupciones con
otras madres. Los cuatro pilares de MomTime son: alimento, fe,
compañerismo y diversión. Para conseguir información sobre este
ministerio ingresa en la página www.MomTime.com. Para informar-
te de cómo comenzar un grupo MomTime, consigue el material
en tu librería cristiana o llama por teléfono al
1-800-AFAMILY. (El sitio de Internet y el material de Mom-
Time se encuentran disponibles desde el 2003).

*Concurre a una conferencia Hearts at Home [Corazones en el
hogar] o a uno de sus grupos Moms Mornings Out [Mañanas libres
para las madres].* Hearts at Home ofrece recursos, conferencias,
aliento y conexión para las madres en todas las etapas de sus vidas.
Visita el sitio de Internet www.hearts-at-home.org para más información.

*Concurre a un grupo MotherWise.* Este es un ministerio que
combina el estudio de la Biblia, un círculo de oración y la ense-
ñanza/guía de los grupos. Ha sido una gran ayuda para muchas
madres a través de grupos que dan apoyo, amistad y estudian la

Biblia desde el punto de vista de la maternidad. El sitio de Internet es www.motherwise.org, y posee un buscador para ayudarte a encontrar un grupo dentro de tu área.

*Comienza la noche libre para las chicas.* Molly, Bethany y Brook son tres jóvenes madres que estaban muy ocupadas criando a sus hijos y tenían muy pocos descansos. Entonces decidieron planificar una noche de chicas por mes. En la noche prefijada, sus esposos se encargan de los niños y las «chicas» van a cenar a un restaurante o a tomar un café a Barnes & Noble. En algunas ocasiones arman álbumes de recortes o van al cine o a mirar vidrieras. Después de unas horas fuera de sus hogares, regresan como nuevas y preparadas para dedicarse de lleno a los desafíos venideros. No es necesario un grupo grande para divertirse. Incluso si cuentas con una sola madre, puedes iniciar una noche libre para las chicas y quizás encuentres otras amigas que quieran unirse.

*Involúcrate en la escuela de tu hijo.* Si tus hijos están en edad escolar, una buena manera de conocer a otras madres es unirte a la asociación de padres y maestros u otro tipo de grupo, y así descubrirás cómo utilizar tus habilidades y talentos para poder contribuir. Al trabajar junto con otras madres, te darás cuenta de que tienen intereses similares. A medida que organices proyectos, carnavales o actividades, te encontrarás trabajando hacia un objetivo común, que además te ayudará a desarrollar amistades. El conocer a las madres de los compañeros de tus hijos tiene incluso otros beneficios, en especial si tus hijos están en plena adolescencia.

> Mejores son dos que uno; porque tienen mejor paga de su trabajo. Porque si cayeren, el uno levantará a su compañero.
> —ECLESIASTÉS 4:9-10

*Organiza fiestas en el vecindario.* Al igual que mi vecina Elaine, la que me invitó al café navideño, tú podrías ser quien ayude a las madres a conocerse. Organiza un café navideño o una fiesta de helados en el verano. Envía invitaciones hechas en la computadora o a mano, tus hijos pueden ayudarte, sirve aperitivos sencillos, pídeles a las otras madres que traigan algo. ¡Tu fiesta podría ser la respuesta a la plegaria de alguien! Establecer y cultivar la amistad es un camino de doble vía. Cuando llevas aliento y apoyo a la vida de otra madre, serás bendecida en mayor medida.

Pregunta para reflexionar

¿Cómo puedes ser una mejor amiga hoy: llamando por teléfono, enviando una nota de aliento, o invitando a alguien a almorzar a tu casa?

# 12

# El mayor regalo de una mamá

Era la época de regresar a la escuela, la cual siempre me trajo recuerdos de polvo de tiza (a la cual era alérgica), pisos recién encerados, el aroma de nuevos libros sin usar y el comedor con olor a pizza en el primer día.

Ya había estado en el centro comercial desafiando las multitudes con mis hijos en busca de jeans, valijas para el almuerzo y útiles escolares. También estuvimos buscando el último modelo de zapatillas deportivas para Chris, pero no conseguimos su talla. Las publicidades en la televisión y en las revistas tratan de convencernos de que nuestros hijos tienen que tener las últimas computadoras con los últimos programas educativos para que les vaya bien en la escuela, y que deben usar los últimos accesorios para que sean buenos deportistas. En consecuencia, nosotros los padres hacemos lo que esté a nuestro alcance para dárselos.

El comienzo de la escuela no es el único momento en que vamos al centro comercial o a la tienda a comprar cosas para nuestros hijos. También están los cumpleaños, la Navidad, o aquellas ocasiones en que vemos algo que nos resulta encantador para nuestro hijo.

Sin embargo, el mejor regalo que podemos darles a nuestros hijos no lo encontramos en una tienda, en un estante del supermercado ni en la Internet. No tenemos que cargarlo a la tarjeta. No afectará nuestra cuenta bancaria. No se encogerá cuando deje de ser nuevo. No obstante, rinde los mejores intereses que podemos obtener.

Este regalo nos sobrevivirá. Es la mayor influencia que la madre puede ejercer y lo mejor que podemos hacer para bendecir la vida de nuestros hijos, sin importar si son bebés, niñitos o adolescentes: Este regalo es la oración de una madre.

> *Otra vez os digo, que si dos de vosotros se pusieren de acuerdo en la tierra acerca de cualquiera cosa que pidieren, les será hecho por mi Padre que está en los cielos. Porque donde están dos o tres congregados en mi nombre, allí estoy yo en medio de ellos.*
>
> —MATEO 18:19-20

Si hacemos que la oración sea la base y el centro de nuestra maternidad, esto será una increíble bendición. Miremos juntas lo que una oración puede hacer en la vida de una madre:

*Por medio de la oración recibimos sabiduría.* De acuerdo con Santiago 1, si le pides a Dios sabiduría, él nunca desechará tu oración, sino que te dará la sabiduría que necesites si se la pides.

Y si lo primero que haces es llamar a Dios, como dice Jeremías 33:3, en lugar de preguntarle a otra persona por sus opiniones, el Señor te mostrará las cosas que en verdad necesitas y que nunca habrías descubierto sin su revelación. Cuando tengas problemas, él te mostrará cuál es tu parte (y la del padre, si es que está involucrado), cuál es la de tus hijos y cuál es la suya. De este modo, no intentarás hacer lo que les corresponde a los otros, ni tampoco ocupar el lugar del Espíritu Santo, y en consecuencia, se hará a la manera del Señor. Si oras por tus hijos y le entregas a Dios tus preocupaciones, ni tus energías ni tu alegría se agotarán a causa de la ansiedad. Y si el centro de la oración es tu matrimonio, la vela de la unión seguirá encendida, y habrá más intimidad y fuerza en la relación.

*La oración es la mayor influencia en el corazón de tus hijos y su crecimiento espiritual.* Puedes llevar a tus hijos a la iglesia, brindarles la mejor educación y ser consistente en tus devociones familiares, pero no puedes cambiar sus corazones. No puedes hacerlos amar a Dios y que se resistan a la pendiente en caída de la cultura que los rodea. Solo Dios a través del Espíritu Santo puede. No obstante, mientras oras, su poder para cambiar los corazones mueve y fortalece la espiritualidad de tus hijos.

«Nuestras oraciones preparan los caminos sobre los cuales vendrá la fuerza del Señor», dijo Watchman Nee, un teólogo. Al igual que una locomotora, la fuerza del Señor es poderosa e irresistible —en verdad, es la fuerza más poderosa del universo— y cuando dices tus oraciones, esta fuerza se despliega por la vida de la persona o en la situación que la necesita.

> Satanás tiembla cuando ve al santo más débil de rodillas, porque sabe que no tiene ningún poder sobre nuestras oraciones.
>
> —Fern Nichols

*La oración es el recurso más grande que Dios nos ha dado para marcar la diferencia en nuestro mundo, nuestro hogar, vecindario y escuela.* Es, además, nuestra herramienta más grande para pelear contra lo demoníaco y eliminar los planes del enemigo. Cuando un pequeño grupo de madres de Tennessee comenzó un grupo de oración para orar durante una hora cada semana por la secundaria a la que asistían sus hijos, el cambio comenzó a ocurrir. En primer lugar, salieron a la luz problemas tales como extorsión, drogas y alcohol, entre otros. Se puso en marcha un código de honor y vestimenta. Cuando las madres comenzaron a pedirle a Dios que convirtiera y que cambiara a los maestros que eran una mala influencia, veinte maestros se fueron durante ese verano y catorce el siguiente... sin una mínima queja en la administración.

Finalmente, se unieron varios cientos de estudiantes para estudiar la Biblia o para orar y adorar al Señor, y se veían círculos de estudiantes que oraban durante los recreos o en la hora del almuerzo. ¿Puede la oración hacer la diferencia? Como dice en 2 Corintios 10:4: «Porque las armas de nuestra milicia no son carnales, sino poderosas en Dios para la destrucción de fortalezas».

Cualquiera sea la edad de tus hijos, permíteme alentarte a orar por ellos. No dejes que la gran cantidad de tareas te distraigan de la influencia que debes tener en sus vidas. ¡Nunca es demasiado temprano ni demasiado tarde para comenzar! Aquí tienes algunas sugerencias:

*Camina, conduce y vive orando*. Pregúntate a ti misma: ¿Qué sería lo que deseas en tu corazón que Dios llevara a cabo si pudieras hablarle sobre tus hijos? (¡Tú puedes!) ¿Cuál es tu mayor preocupación sobre ellos? Escríbela en una tarjeta y ora mientras caminas o conduces esta semana. También puedes orar mientras transcurre el día. Permite que los indicios visuales te lo recuerden. Por ejemplo, cuando recoges las zapatillas de tus hijos, pídele a Dios que caminen por su sendero, y cuando preparas las comidas para la familia, pídele que su Palabra sea el Pan de Vida.

> Mediante la oración, puedes vivir en la presencia de Dios con tan poco esfuerzo como el que realizas para vivir del aire que respiras.
>
> —Madame Guyon

*Deja que las Escrituras moldeen tus oraciones.* Cuando oras con la Palabra de Dios por tus hijos, por ejemplo: *Señor, te pido por que Meghan confíe en ti con todo su corazón y no dependa solo de su entendimiento (Proverbios 3:5-6)*, tus oraciones serán fructíferas porque estás pidiendo en concordancia con la voluntad establecida de Dios. Y como beneficio colateral, serás colmada de confianza y fe. La Biblia está llena de oraciones para orar por tus hijos.

*Únete con otras madres.* Dios escucha tus oraciones cuando estás acunando al bebé en la noche, cuando estás cocinando o conduciendo, o cuando estás de rodillas... y esas oraciones marcan la diferencia. ¡Pero la fuerza se multiplica cuando te unes con otras mamás! Una manera de orar con intención y con fe durante una hora por semana es con un grupo de Moms In Touch [Mamás en contacto]. Puedes visitar el sitio momsintouch.org para mayor información y para encontrar o iniciar un grupo en tu comunidad.

Tus oraciones son el regalo más importante que puedes darles a tus hijos: uno que continuará más allá de la escuela y de las vacaciones.

### PREGUNTA PARA REFLEXIONAR

¿Quién oraba por ti mientras crecías? ¿Tu madre, tu abuela, otro miembro de la familia, o una maestra? Dedica unos momentos para agradecerle a Dios por ellos y por el impacto de sus oraciones en tu vida.

# 13

# Grandes expectativas

El niño de once años se dirigió hacia el podio, tomó el micrófono, y con una sonrisa radiante comenzó a dar un dinámico e importante mensaje a ocho mil dueños de lavaderos de autos durante su convención nacional en Las Vegas. Tanto sus padres como amigos lo observaban y lo aplaudieron, llenos de alegría por todo lo que había logrado.

Para cualquier niño, hablar delante de una audiencia de miles de adultos y permanecer tranquilo podría ser todo un logro, en especial para este niño. Brian nació con el síndrome de Williams, que causa problemas cardíacos y retraso mental. Poseía, además, otras deficiencias y desafíos médicos.

A pesar de que sus maestros decían que nunca aprendería a leer, sus padres siguieron alimentando sus esperanzas. Lo alentaban a confiar en sus fortalezas, en particular, estimularon su interés en los lavaderos de autos, algo que en los últimos tiempos guiaba su aprendizaje. Su madre, Valerie, había hecho tarjetas con palabras referidas al lavado de autos, y el vocabulario de Brian crecía cada vez más. Con perseverancia y mucha oración, las grandes expectativas de los padres se vieron recompensadas. Brian se convirtió en un lector apasionado y el fanático número uno de la industria del lavado de autos. Lo invitaron a hablar en muchas convenciones de esta industria y él soñaba con poseer un lavadero de autos algún día.

Al igual que Brian, los niños que superan obstáculos y tienen éxito poseen algo en común: unos padres con altas expectativas para ellos y que creen en sus hijos, personas que los alientan a seguir intentando y que les muestran los caminos para utilizar las fuerzas que les dio Dios para compensar sus debilidades.

> Los niños viven hasta donde uno cree que son capaces.
> —LADY BIRD JOHNSON

A pesar de todas las «etiquetas» que en la actualidad los sistemas educativos les colocan a los niños, tendemos a disminuir nuestras expectativas sobre lo que son capaces de realizar. Y eso crea una espiral descendiente. Las etiquetas negativas nos hacen bajar las expectativas, lo que conduce a disminuir el esfuerzo y, en consecuencia, el aprendizaje y los logros. ¡Lo que esperamos de los niños es lo que por lo general obtenemos!

## Niños que se sobrepusieron a grandes dificultades

- Ella tenía una deficiencia auditiva, pero llegó a ser una bailarina dedicada y Miss Estados Unidos.
- Sus maestros lo llamaban «confundido», y abandonó la escuela formal después de seis meses. Sin embargo, su madre creyó en él y le enseñó ella misma. Cuando creció, patentó mil noventa y tres invenciones, entre las que se incluyen la bombilla eléctrica, las películas y el fonógrafo.

- Una enfermedad destruyó su visión y su oído antes de los dos años de edad, no obstante, ella se graduó de la secundaria, era una oradora y una escritora competente, y dedicó su vida a ayudar a los ciegos y a los mudos.
- A pesar de tener el noventa y cinco por ciento menos de audición, él se convirtió en un estudiante de alto nivel y un talentoso atleta, que se destacó en el béisbol.

Heather Whitesome
Thomas Edison
Helen Keller
Curtis Pride

Independientemente de las habilidades o desafíos de tus hijos, tus expectativas tienen un gran impacto sobre su comportamiento, sus logros y su aprendizaje. Por lo tanto, aquí hay algunos consejos para desarrollar y comunicar grandes expectativas:

*Descubre lo que es bueno.* Sin tener en consideración sus problemas, discapacidades o personalidades, confecciona una lista sobre cada una de las destrezas, las habilidades, las capacidades y los dones espirituales de tus hijos. Incluye las cualidades del buen carácter y las fortalezas personales. Busca los tesoros dentro de cada niño y pídele a Dios que te muestre los caminos para desarrollar esos dones.

*Ten en consideración la edad de tu hijo y sus capacidades* para que esas grandes expectativas sean razonables. De lo contrario, si les resultan inalcanzables —como sacar un diez en todos los exámenes o ganar todos los partidos de fútbol— los niños se desalentarán.

Porque yo sé los pensamientos que tengo acerca de vosotros, dice Jehová, pensamientos de paz, y no de mal, para daros el fin que esperáis.

—JEREMÍAS 29:11

(UN VERSO MARAVILLOSO PARA QUE MEMORICE TU HIJO.)

*Ten coraje si tu hijo se encuentra luchando en alguna área.* El cerebro de todos los niños empieza aprendiendo a partir de la inmadurez, y los brotes de madurez ocurren una o dos veces por año (o más). Cuando ocurre uno de estos brotes, es como si ingresara un nuevo chip en nuestro cerebro. Y cuando ese chip comienza a trabajar, en general tiene lugar un brote en el aprendizaje. ¡Vaya! Ese concepto matemático que él no comprendía hace más de seis meses comienza a tener sentido, o tu hijo obtiene una nueva idea sobre la ciencia que antes no tenía.

*Por último, evita perder las esperanzas con los niños que no son «listos»* y no obtienen las mejor calificaciones en la escuela. También evita echarles un balde de agua helada a sus sueños al decir:«Tú no puedes hacer eso», cuando están pensando en un proyecto o un objetivo futuro. Los sueños y las esperanzas son los que nos mantienen motivados y animados en la vida. Por consiguiente, sigue esperando y creyendo lo mejor, y transmite tus altas expectativas con palabras de aliento. Eso es lo que hace que un niño se proponga grandes desafíos y los supere, y que siga creyendo en sí mismo y no se rinda aun cuando las cosas se ponen difíciles.

> Los talentos de los niños son semillas que solo crecerán cuando sean plantadas, regadas y dejadas florecer a su debido tiempo.
>
> —MILES MCPHERSON

PREGUNTA PARA REFLEXIONAR

¿Qué es lo que esperas de tus niños en distintas áreas como la tarea, la lectura y los quehaceres? Pídele a Dios que te envíe sus expectativas para ellos, y comprométete a orar, proveerles y alentarlos hasta que se realicen.

# 14

# Ve a volar una cometa

Mis pequeños hijos espiaban a través de la ventana congelada, fascinados por los copos de nieve que caían del cielo. Como recién nos habíamos mudado a Tulsa, Oklahoma, viniendo de Texas, donde nevaba solo cada cinco años si eras afortunado, estaban maravillados por la primera nevada de la estación.

—Mami, mira. ¡Está nevando! ¡Salgamos a jugar! —dijo Justin.

—Más tarde cariño —le dije mientras me apresuraba a guardar la ropa sucia.

—¡Tienes que ver el hielo sobre el tejado! —exclamó.

Al ver su expresión de desilusión cuando vio mi falta de interés sobre su descubrimiento, me senté a su lado y observé los copos bailarines de afuera. Y cuando su padre llegó a casa con abrigadas botas para la nieve, los cuatro salimos a hacer un muñeco de nieve.

¿Le has respondido alguna vez «más tarde» a alguno de los descubrimientos de tus hijos?

¿Alguna vez se ha desvanecido tu sentido del asombro entre las obligaciones diarias o ha sido reemplazado por las preocupaciones prácticas, la ocupación con el trabajo y el pesar?

Lo admito: El mío, sí. A medida que me iba ocupando cada vez más con responsabilidades del tipo de supervisar la tarea, ayudar a mi esposo en el trabajo, hacer malabares con los quehaceres domésticos y cumplir con los plazos de escritura, comencé a perderme muchas de las cosas mágicas y milagrosas que Dios había colocado frente a mí. Estaba tan concentrada en mis tareas que había olvidado cómo jugar. Quería compartir la alegría y el sentimiento de descubrimiento de mis hijos... ¡pero había tanto por hacer!

Finalmente, frustrada, le pedí al Señor: *Ayúdame, ¿tienes alguna sugerencia?*

Me pareció que dijo: *Ve a volar una cometa.*

*Ni siquiera tengo una cometa, y además me resulta muy poco práctico*, pensé.

*Ese es el punto*, me respondió él.

Entonces compré una cometa para el próximo rato en familia en el parque. Holmes es magnífico para descifrar instrucciones, y con nosotros cuatro trabajando juntos, lo logramos. Después de unos minutos de sostener la cuerda, mis hijos se fueron a los columpios y al tobogán, y me dejaron sostenerla.

> Me alegraré y me regocijaré en ti; cantaré a tu nombre, oh Altísimo.
>
> —Salmo 9:12

Mientras la gran cometa roja, amarilla y negra se remontaba cada vez más alto, del mismo modo lo hacía mi espíritu. Después de esa tarde me convertí en fanática de las cometas. Hay muchos días ventosos en Oklahoma, así que abundaban las oportunidades para remontarlas. Todavía conservo la cometa en un baúl y la llevo cada vez que vamos al lago o, en raras ocasiones, cuando viajamos a la playa. Mientras miraba hacia arriba, disfrutaba del trabajo de Dios —los pájaros que volaban por encima de nosotros, el gran cielo azul de Oklahoma, o una cascada de gruesas nubes— en vez de enfocarme en mis propios problemas terrenales. Esto despertó mi sentido del asombro y se refrescó mi espíritu. Al aminorar la marcha, encontré que mi corazón se volvía hacia arriba, hacia Dios.

Remontar una cometa es solo una metáfora para hacer algo sin motivo alguno, a excepción de que es divertido. Hoy estoy en la playa, todavía remontando la cometa después de todos estos años, aun cuando los niños han echado a volar a sus propios hogares. Es una cometa pequeña a rayas... violeta, turquesa y verde. Sin embargo, cuando la remonté, he visto algunas nubes espectaculares y he disfrutado de la brisa fresca proveniente del agua. Algunos niños se acercaron y querían sostener la cuerda. La lleve a mi casa, para que mi nieta de cuatro años, Caitlin, pudiera divertirse al remontarla.

Si, al igual que yo, has estado en la oficina o lavando la ropa por mucho tiempo, permíteme decirte... ve a volar una cometa.

Veras, creo que Dios quiere que seamos la clase de madres que no da por seguro las pequeñas cosas como la brisa fresca, los amaneceres, los colibríes, los bebés recién nacidos o la buena salud. Él desea que nos colmemos de asombro y gratitud ante su majestuosa gracia. Cuando lo estemos, nuestros corazones se verán refrescados y salpicaremos con inevitable alegría a quienes nos rodean.

En el fondo, conocemos la verdad: Las luces del amor y de las relaciones no brotan como las luces de un faro, por arte de magia. Sino que titilan —una por vez— como las estrellas, como las luciérnagas que brillan desde los rincones inesperados de una calmada noche de verano.

—DEENA LEE WILSON

Si remontar la cometa no es lo tuyo (o el clima no lo permite), aquí hay otros consejos para despertar tu asombro:

*Hagamos burbujas.* Mezcla detergente con una cucharada de té de glicerina. Luego, forma burbujas junto con tus hijos usando un sorbete, un colador, aros de un paquete de seis latas de gaseosa u otros utensilios.

*Crea un hábitat de vida silvestre en tu patio trasero.* Pon un recipiente con comida de pájaros y uno con agua en tu patio trasero o en tu balcón. Deja que tus hijos te ayuden a plantar flores para atraer mariposas. Luego, toma un libro para identificar a los amigos plumíferos que visitan tu santuario.

*Mide la temperatura contando el chirrido de los grillos.* Cuenta los chirridos de un grillo durante quince segundos, luego, súmale cuarenta a ese número para saber qué temperatura hace (en grados Fahrenheit). Es un buen ejercicio matemático. Tus hijos pensarán que eres muy inteligente.

Algunas veces...
solo hagamos burbujas,
sin motivo alguno,
solo hagamos burbujas.
Ríamos un poco, observémoslas desaparecer,
sonríamos y toquemos los colores del arco iris.
—RUTH REARDON

*Observa el atardecer.* Siéntate sobre una gran colcha en el patio con tus hijos y observen el atardecer... qué admirable es el hecho de que cada unos pocos minutos los colores del cielo cambien, mientras el azul se funde en el púrpura y el cielo se torna cada vez más oscuro. Ten listo chocolate caliente o sidra para cuando entren, y conversen sobre lo que vieron.

*Atrapa una estrella fugaz.* Consigue un mapa de las constelaciones para la época de año en la que te encuentres. Elige una noche despejada, sin luna. Ubiquen la estrella del Norte, la Osa Mayor y Orión. Los telescopios o los binoculares son un lindo detalle, pero no son indispensables. Puedes llevarte una o dos sorpresas, como ver una estrella fugaz o una lluvia de meteoritos, o tal vez uno de los planetas brillantes como Venus.

PREGUNTA PARA REFLEXIONAR

¿Qué hace que tu espíritu se asombre? Podrías encontrar esto afuera, en un museo, en un concierto sinfónico, en un viaje al jardín botánico, o quizás justo en tu patio trasero.

# 15

# Confía en tu corazón

Las luces de la sala principal de la iglesia se hicieron más tenues. Estábamos todos prestando total atención cuando el video comenzó. Junto con el resto de los padres de nuestra congregación, mi esposo y yo habíamos sido incitados a asistir a la exhibición de este video sobre la paternidad y a leer el libro que lo acompañaba, el cual presentaba un sistema garantizado para producir niños de buen comportamiento, obedientes y misericordiosos.

Mientras observábamos, la fórmula era descripta con mucha claridad por medio de ejemplos y otras instrucciones: Si tu hijo no te obedece la primera vez, dale una nalgada. Lucha por una obediencia incuestionable. No le permitas decir «no». Si hacen algo mal, asume que es una rebelión o un mal comportamiento, y castígalo al instante (con un castigo corporal, lo que más se recomiendan son las nalgadas). Si eres consistente en el seguimiento de esta fórmula, el resultado será un niño bien entrenado.

Durante la presentación se mostraban en la pantalla versos de la Biblia, los cuales aseguraban a todos los presentes que este era el camino bíblico para criar a los hijos. A continuación del video, el pastor alentó a cada familia a seguir estas prácticas de paternidad tal como él y otros líderes de la iglesia ya estaban haciendo.

Mientras Holmes y yo regresábamos a casa esa noche, todo estaba tranquilo en el frente occidental... o al menos en nuestro auto. El programa era muy convincente, pero cuando comenzamos a hablar y orar sobre lo que habíamos visto, tanto Holmes como yo vimos algunas desventajas en este sistema. La dureza, la rigidez y la falta de atención a las necesidades emocionales de nuestros hijos eran justo algunas de nuestras preocupaciones.

Entonces, aunque observamos el video con el resto de los padres, no abrazamos sus principios. Sin embargo, verlo promovió el buen diálogo y nos ayudó a darnos cuenta de que ya teníamos una buena balanza de amor y disciplina (y unidad como pareja), y que no sentíamos que reemplazar nuestro estilo de crianza y saltar a esta peculiar tendencia sería lo mejor para nuestra familia. Confiábamos en nuestros corazones y en cómo Dios nos había guiado como padres.

Era difícil cuando me criticaban otras mamás, como una que me dijo una tarde después de haber estado juntas: «Sabes, eres muy compasiva con tus hijos. Cometes el error de la compasión cuando deberías ser más dura, como nos enseñaron en el video». En realidad, pienso que la Biblia nos recomienda la compasión por encima del juicio, pero a veces su crítica me hería.

> Instruye al niño en su camino, y aun cuando fuere viejo no se apartará de él.
>
> —PROVERBIOS 22:6

Cuando miramos hacia atrás a aquellos años y aquellas familias que sí se comportaron con mano dura y forzaron el método de la obediencia, vimos un gran porcentaje de rebelión abierta y, en algunos casos, trágica de sus hijos adolescentes. Muchos de estos niños cristianos crecieron con resentimiento hacia sus padres en vez de tener relaciones saludables con ellos. Y tan pronto como pudieron huir, lo hicieron... yendo tan lejos de los valores y creencias de sus padres como pudieron.

No es que Holmes o yo fuéramos más inteligentes o mejores padres, pero quizás hemos visto rendir buenos frutos porque le pedimos a Dios que guiara a nuestra familia y que criáramos a nuestros hijos juntos. También ayudó el hecho de que yo leyera algunos libros excelentes sobre el desarrollo del niño y la paternidad, de los cuales aprendí que el amor incondicional es la piedra elemental en la vida de un niño, y que los niños con tanques emocionales llenos responden de manera más positiva a las correcciones.

> Padres, no exasperéis a vuestros hijos, para que no se desalienten.
>
> —COLOSENSES 3:21

¿Qué puedes hacer cuando todos parecen estar seguros de ir a una clase de paternidad específica y seguir el mismo libro o la misma fórmula para criar a los niños cristianos ideales? He aquí algunas sugerencias:

*No te enfoques en lograr* niños de comportamiento perfecto a corto plazo a expensas de criar jóvenes emocionalmente saludables. Y no te concentres en el control del comportamiento como el camino principal para relacionarte con tu niño. Conocer las necesidades emocionales de sus hijos debería ser la prioridad de todo padre, y no controlarlos con castigos.[5]

*Lee, ora, desarrolla tu plan y sean unidos.* La oración de Josafat en 2 Crónicas 20:12: «No sabemos qué hacer [con este niño, en esta situación específica], y a ti volvemos nuestros ojos», siempre es una gran oración para los padres. Te animo a orar más y reaccionar menos.

*Lee la Biblia, acompañada de otros libros reconocidos sobre el desarrollo del niño, como una base para la vida y la paternidad.* Te ayudará a saber qué esperar de tus hijos en cada edad, y te permitirá distinguir una irresponsabilidad infantil de un mal comportamiento intencional.

*No te aferres a un libro y lo uses como fórmula.* Lee lo suficiente como para saber que lo que tú crees es lo mejor para tu familia. Si tienes algunos desafíos con la disciplina, o están buscando ayuda, lee libros como *Boundaries for Kids* [Límites para los niños] de Cloud y Townsend, *The New Dare to Discipline* [El nuevo desafío para la disciplina] de Dobson, *Touchpoints* [Puntos de contacto] de Brazelton y *Parenting with Love and Logic* [Paternidad con amor y lógica] de Fay y Cline.

Piensa en un libro como un recurso que te otorga los principios generales y te brinda ideas, y no como una especie de «Biblia» para la paternidad que debes seguir al pie de la letra. Por ejemplo, si el libro actual sobre el sueño saludable dice que el *único* buen sueño para los bebés es en sus cunas y que cualquier otra cosa es «sueño basura», y sigues tal sistema, te perderás algunas de las maravillosas oportunidades de acurrucarte con tu bebé en tu cama (y no, tu bebé no rechazará dormir en su cuna para siempre). Recuerda, las opiniones varían ampliamente entre los expertos en materia de la crianza: Algunos dicen que si no les das el biberón entre las tres y ocho semanas en las que lo estás amamantando, nunca lo tomarán; otros sostienen que no debes dárselo demasiado temprano, porque les causará una confusión con el pezón. Permíteme decirte que evites los extremos y no te esclavices bajo ningún sistema.

Un niño que es controlado está fácilmente destinado a muchos problemas en la vida. No posee la fuerza para decir no, por lo tanto, cuando es un preadolescente, no posee muchas defensas. En efecto, al forzar nuestro control sobre un niño, estamos aumentando las posibilidades de que las garras del grupo de sus pares lo dañen.

—KEVIN LEMAN

Lo más importante, pídele dirección a Dios y escucha sus indicaciones para cada uno de tus hijos, y confía en tu corazón mientras tú y tu esposo se sientan unidos en lo que respecta a la paternidad. Y recuerda, tú eres la mamá que Dios eligió entre todas las madres potenciales del mundo para amar, nutrir y criar a tu valioso hijo.

Reconoce los diferentes temperamentos de cada uno de tus hijos. «Los diversos niños tienen diversas naturalezas», dijo Anne Bradstreet, una madre estadounidense de la época colonial y poetisa. «Algunos son como la carne, que nada excepto la sal evita que se pudra; otros son como la fruta blanda, que se conserva mejor con azúcar. Son sabios aquellos padres que saben adaptar su nutrimento de acuerdo con la naturaleza de cada hijo». Te aliento a considerar los dilemas de la disciplina que debes enfrentar con cada uno de tus hijos. Una única manera no se adapta a todos. ¿Cuál de tus hijos necesita un enfoque sensible y suave (azúcar)? ¿Cuál de ellos responde a la corrección verbal? ¿Cuál necesita una disciplina más firme (sal)? Ora por discernimiento, para conocer lo que es mejor para cada uno, y ten en consideración la disciplina más apropiada para cada hijo en particular y para cada problema de comportamiento.

No supongas que un sistema de crianza es el adecuado para todas las familias solo porque tenga una etiqueta cristiana en él o porque el autor diga que esa es la forma en que Dios lo indica. Qué maravilloso es que Dios nos prometa su sabiduría si se la pedimos... sabiduría para preparar a nuestros hijos para la vida y para ser la clase de madres y padres que ellos necesitan para convertirse en lo que el Señor los ha creado para ser.

### PREGUNTA PARA REFLEXIONAR

Piensa en cada uno de tus hijos. ¿A qué tipo de disciplina responden ellos: pedidos, órdenes, castigos (nalgadas o penitencias), o consecuencias lógicas? ¿Qué necesita cada uno de ellos?

# 16

# La gratitud es un recuerdo del corazón

Un día Heather, una de las madres de la clínica oncológica pediátrica donde yo trabajaba como voluntaria, me dijo:

—Comencemos una lista de cosas por las que estamos agradecidas. Todas podemos comentar acerca de las cosas por las que damos gracias. Cheri, tú podrías escribirlas en grandes hojas de papel y pegarlas en las paredes, y los niños pueden ilustrarlas. Otros niños pueden hacer sus aportes a las listas cuando vengan a la clínica, y eso nos recordará por qué debemos agradecer.

Hunter, de cinco años, agregó de inmediato:

—Autos rápidos amarillos y grises. Es por eso que doy gracias.

Bueno es alabarte, oh Jehová.

—SALMO 92:1

—Por la fe y la fuerza que me da —dijo Heather.

—Por Dios —gritó uno de los niños.

—Por los globos en forma de corazón. Los donantes de sangre y médula. Mis zapatillas púrpuras —dijo otro.

—¡Por mami! —exclamó Cody.

—Por los voluntarios que se toman el tiempo para traer un poco de luz a nuestros hijos. Por despertar cada mañana. Por la sonrisa de mi hijo —agregaron otros padres.

Insectos pegajosos, arco iris dobles, charcos en los cuales saltar después de la lluvia, el nuevo cabello que me está creciendo, conducir el tractor con papi... la lista continuaba sin fin.

Sí, la gratitud regocija y alienta el alma. En realidad, los sicólogos proclaman los enormes beneficios de expresar agradecimiento. Estas madres de niños que estaban recibiendo dolorosos tratamientos contra el cáncer, que enfrentaban la incertidumbre y muchos más de los problemas que compartían, podrían haberse concentrado en los aspectos negativos y deprimirse aun más. Sin embargo, como sus listas de agradecimiento crecían y crecían, esto hizo que sus mentes cambiaran los pensamientos negativos por otros más saludables, y ayudó a que vieran los problemas desde otras perspectivas, dándoles esperanza. Lo mismo sucede con nuestras vidas. Y cuando agradecemos a Dios y a otra persona, se convierte en una doble bendición.

> Si los niños deben agradecer a sus padres terrenales, cuánto más debe agradecer la gran familia humana a nuestro Padre celestial.
>
> —Hosea Ballou

He aquí algunas maneras de incitar la gratitud en tu familia: *Modela una actitud de agradecimiento.* Da gracias de forma explícita por las cosas que tu esposo hace normalmente y que tú das por sentado. Influenciarás a tus hijos con este ejemplo. Las investigaciones han demostrado que lo que causa el mayor impacto en los valores de los niños es la relación que observan entre su padre y su madre. Además, cuando expresas aprecio por tus hijos y las cosas positivas que hacen, esto los ayudará a ver cómo afirmar a las personas (y aumentará su autoestima al mismo tiempo).

*Haz una «canasta de bendiciones».* Coloca una canasta en el medio de la mesa y alienta a cada miembro de la familia a escribir su bendición preferida del día en tarjetas o papeles autoadhesivos. Luego, cada cierta cantidad de días, lee las notas en voz alta para recordarle a cada uno todas las buenas cosas que suceden en nuestras vidas a diario (y no olvides agradecer a Dios por ellas también).

> La oración más importante del mundo consta solo de una palabra: «Gracias».
>
> —MEISTER ECKHART

*Juega a «gracias alfabéticas».* Cuando llevas a los niños a la escuela u otras actividades, o cuando se encuentran a la mesa, haz que cada uno nombre algo por lo que está agradecido que comience con la letra *A*. Prosigue con la *B* y la *C* y así sucesivamente con todo el abecedario.

*Inaugura una nueva tradición.* Cuando hagas las compras de cumpleaños o de Navidad, escoge pequeñas cajas de tarjetas de agradecimiento para tus hijos. Luego, dedica un tiempo para que cada uno de ellos se siente y le escriba una breve nota de agradecimiento a cada persona que les entregó un regalo. Si tus hijos son muy pequeños como para escribir, haz que te dicten y permíteles hacer un dibujo en ellas.

Al dejar un rastro de gratitud en la vida de tu familia, el espíritu de agradecimiento llenará sus corazones, no solo en el Día de Acción de Gracias, sino a lo largo de todo el año.

PREGUNTA PARA REFLEXIONAR

Mira hacia atrás en el tiempo. ¿Puedes recordar a un maestro, un mentor o un familiar que haya causado un impacto positivo en tu vida? ¿Quizás una maestra de la Escuela Dominical, o un pastor, o la maestra de música? ¿Le has dicho alguna vez a esa persona que ha marcado una diferencia en tu vida? Escribe una lista con algunas personas que te vengan a la mente, luego envía una nota de aprecio a uno de ellos.

# 17

# Crea una manta de recuerdos

Alison y yo nos abanicábamos, mientras el tren 1910 sin aire acondicionado en un día caluroso de verano partía hacia las verdes montañas de Vermont. Mientras comíamos el almuerzo que habíamos traído de casa, hablamos y miramos el hermoso paisaje. Era nuestro viaje anual de madre e hija, y como estábamos viviendo en Maine desde ese año, se trataba solo de un viaje de tres horas para alcanzar el tren. Estábamos escasos de dinero, por lo que no podíamos costear un viaje de todo un fin de semana, y esta salida por una noche parecía perfecta. Después del viaje, dimos una caminata por la naturaleza, nos registramos en un hotel no muy costoso, husmeamos en el museo de los osos de peluche, y tomamos muchos helados y mucha limonada para poder mantenernos frescas bajo el calor. Estábamos creando un recuerdo.

Me encanta el poema de Ruth Reardon que dice:

Crear una manta de recuerdos que me mantenga abrigada.
Un calor interno que proviene del fuego de los tiempos felices.
Cosido con hilos de vacaciones, de amigos, y familias...
Placeres de la costa, los campos, de los parques.
Los sucesos más simples trazados por el amor
Se transforman en un diseño, para mi manta de recuerdos.

Como mamás, tenemos el enorme privilegio de plantar semillas y construir recuerdos en las vidas de nuestros hijos. Semillas y recuerdos de cuando los cuidamos mientras estaban enfermos, de la ocasión en que compartimos su entusiasmo al traer premios y buenas calificaciones, de escuchar su versión cuando se metían en problemas en la escuela o estaban atravesando un momento difícil o solitario. Semillas y recuerdos de abrazos y esperanza y perdón y tiempos felices juntos remontando cometas o andando en bicicleta o leyendo cuentos.

Todo tiene su tiempo, y todo lo que se quiere debajo del cielo tiene su hora.

—ECLESIASTÉS 3:1

De forma consciente o no, nos encontramos creando recuerdos para nuestros hijos de manera constante. Podemos proponernos crear una manta de recuerdos que poco a poco cree en nuestros hijos un sentido de pertenencia, de lo que significa ser una familia, de la seguridad y la continuidad en la vida. Luego, cuando ellos se transformen en padres, tomarán algunos de ese reservorio de recuerdos, algunos que se encontraban tan ocultos que ni siquiera recordaban que estaban allí, para amar y cuidar a sus propios hijos.

### Cosas que crean recuerdos familiares

- Día del pijama: Aminora la marcha tan ajetreada de tu familia y dediquen un día para relajarse. Decláralo «El Día del Pijama» y consigue grandes almohadas y bolsas de dormir. Acurrúquense, lean historias, jueguen distintos juegos y miren una película.
- La noche del color familiar: Haz que cada persona pinte su lugar de vacaciones favorito o algún lugar al que la familia ha ido.
- Crea un libro: Ayuda a tus hijos a crear un libro sobre su vida. Escoge algunas fotos, hazlos escribir lo que está sucediendo en cada una. (Los más chiquitos te dictarán mientras escribes.) Incluye la fecha de nacimiento de los niños, la huella actual de la mano y del pie, dibujos de ellos mismos y de la familia, y la historia de su vida. Esto constituye un maravilloso recuerdo.

Crear recuerdos con Alison era importante para mí, en parte porque ella es nuestra única hija mujer. Además, el hecho de perder a mis padres cuando era muy joven siempre me ha recordado lo corta que es la vida, y quería crear un tiempo solo para nosotras. (No me malinterpreten. También construí recuerdos para mis dos hijos varones, pero en este capítulo quiero compartir en específico mis recuerdos de madre-hija.)

¿Qué es lo que una familia está supuesta a ser? Entre otras cosas, personalmente he sentido siempre que debe ser un museo de recuerdos: colecciones de memorias preservadas con cuidado y con una comprensión de que los recuerdos de cada día son elegidos para nuestro museo... lo que hacemos hoy puede ser un recuerdo mañana.

—EDITH SCHAEFFER

Estas son algunas de las maneras en que construí nuestra relación y creé recuerdos con Alison, incluso durante sus quisquillosos años de la adolescencia:

*Pongámonos en sintonía*: Como mamá, tenía en mi naturaleza el deseo de que todos estuvieran felices. Tuve que trabajar para ponerme en sintonía con Alison cuando decía cosas como: «Tuve un día horrible. Tengo tanta tarea que nunca podré terminarla y los maestros no dejan de darnos cada vez más. ¡Me vuelven loca!» Descubrí que responderle: «Debes sentirte en realidad frustrada con todo ese trabajo», en lugar de: «Si organizaras tu tiempo mejor, no tendrías inconveniente», ayudaba a que nuestra comunicación se mantuviese abierta.

*Hacer viajes o salidas de madre-hija.* Al igual que el viaje en tren que hicimos cuando Alison tenía once años, planeábamos algún tipo de salida cada año. En otra ocasión, viajé con Alison a una ciudad cercana para pasar la noche, fuimos a patinar, al cine, escuchamos la cinta *Prepararse para la adolescencia* de Enfoque en la Familia, y hablamos sobre el crecimiento. A veces era una salida corta, dentro de la ciudad, como ir a ver el musical de verano al teatro. Cuando cumplió doce años, me encontraba cerca de Florida en un viaje de negocios, entonces Ali ahorró el dinero que había ganado cuidando niños y compramos boletos para Disney World. Nos quedamos en casa de una familia que conocíamos y nos fuimos tres días a explorar el mundo mágico de Disney juntas.

Sé madre. Es algo gratificante. Las dos mejores cosas del mundo son las madres y la Navidad... sin embargo, mi madre es el mejor regalo que recibí.

—MARIE, NUEVE AÑOS

*Aprovechar los momentos de hallazgos inesperados*. Crear recuerdos en Navidad o alguna otra fiesta es maravilloso. Si embargo, algunos de los mejores recuerdos se crean durante esos momentos de hallazgos que suceden de forma imprevista... como cuando tu hija viene una vez apagadas las luces y se acurruca a tu lado, o cuando buscas un momento entre tus tareas para relajarte y charlar, o cuando salen a caminar juntas. Es en estas ocasiones breves e inesperadas que los sueños y las esperanzas y los secretos se comparten, se ríe, o vislumbras cómo trabaja Dios.

Ya superamos los años adolescentes de Alison, que ahora tiene veintiséis años y está casada, con un niño y otro en camino. Pero todavía nos encanta a ambas encontrarnos para desayunar o para tomar un café, y continuamos creando recuerdos. Desde que su pequeño Noah se incorporó a la familia, nuestra manta de recuerdos está expandiéndose y creciendo... hechos simples trazados con amor.

### PREGUNTA PARA REFLEXIONAR

¿Cuál es tu recuerdo preferido de la infancia? ¿Cuál es tu recuerdo preferido con tu hija o con tu hijo?

# 18

# Palabras que funcionan

«¡Esto es muy difícil! ¡Nunca terminaré mi proyecto a tiempo!», gritó Catherine, de once años, a su mamá. Catherine había comenzado su proyecto de ciencias con semanas de anticipación, pero el experimento falló. La fecha de entrega era el lunes, y ella se encontraba derribada por el desaliento. Su madre estaba perpleja por la facilidad con que estaba rindiéndose. Catherine era brillante y estaba dentro del plan de estudios de los niños talentosos, donde a ella y a otros niños les decían de forma habitual lo inteligentes que eran. Mientras transcurría el tiempo, sin embargo, Catherine se esforzaba cada vez menos en sus trabajos, y cuando tenía un desafío de este tipo, se frustraba con mucha facilidad.

«Sé que estás triste, pero lo que tienes que hacer es concentrar todas tus energías para encontrar un experimento nuevo, seguir las instrucciones y hacer el trabajo». Con solo tres días por delante, Catherine escogió un proyecto que demostraba el concepto del centro de gravedad y, con la ayuda de su madre, comenzó a trabajar en la maqueta. Con una oración por cada parte del trabajo que Catherine completaba, Karen vio que los esfuerzos de su hija crecían. Incluso se dedicó a la aburrida tarea de escribir el proceso científico y tuvo todo listo a tiempo.

Mejor todavía, Catherine ganó el primer premio. Su madre le hizo saber que su esfuerzo había marcado la diferencia.

> Muy a menudo los padres quedan atrapados en extremo en los grados, y les dicen a sus hijos: «¿Por qué esto no te entusiasma?» Lo que entusiasma es el proceso completo de aprendizaje y la excitación y el desafío de este.
>
> —DR. DAVID ELKIND

Todos sabemos que alentar a nuestros hijos y decirles qué buen trabajo están realizando en la escuela o en el deporte es importante, sin embargo, una investigación muy interesante demuestra que por lo general alabamos a nuestros hijos de una manera tal que nos sale el tiro por la culata. Permíteme explicarte.

Un proyecto de investigación de la Universidad de Columbia estudió a más de cuatrocientos alumnos para descubrir qué daba mejores resultados en una serie de pruebas matemáticas: alabar a los niños por su inteligencia («¡Eso sí que es una calificación alta! Eres en verdad inteligente en esto») o por su esfuerzo («Hiciste diez bien. Debes de haber trabajado duro para obtener esa calificación»).

¿Adivina cuáles de estos niños fueron estimulados a incrementar su motivación? ¿Qué tipo de elogio funcionó mejor?

Los que fueron elogiados por su esfuerzo —y no los que fueron elogiados por su inteligencia— lo hicieron mejor, no solo en la primera prueba, sino también en el resto. He aquí cómo funciona esto: Cuando los niños fueron enaltecidos por cuánto esfuerzo habían hecho para prepararse para el examen, estudiaban más para el siguiente. Cuando encontraban problemas difíciles, pensaban que debían intentarlo con más empeño. Como consecuencia, sus calificaciones fueron mejores, y ellos eran menos propensos a mentir sobre las calificaciones o hacer trampa.

Por otra parte, los niños que fueron elogiados por su inteligencia comenzaron a evitar riesgos para continuar luciendo inteligentes. En las evaluaciones subsiguientes mostraron una disminución en su esfuerzo y en el interés en esa materia, y estaban más predispuestos a mentir sobre sus calificaciones o a hacer trampa para obtener un buen puntaje. Cuando se enfrentaron a problemas mayores y no los podían resolver, pensaban: *No soy bueno en esto*, y dejaban de intentarlo. Debido a que se esforzaban menos, estos estudiantes obtuvieron calificaciones bajas en las evaluaciones subsiguientes.

> Ninguna palabra corrompida salga de vuestra boca, sino la que sea buena para la necesaria edificación, a fin de dar gracia a los oyentes.
>
> —EFESIOS 4:29

¿Qué puedes hacer para elogiar y alentar a tus hijos de manera que los ayude y ponga en marcha su motivación?

- Permíteles saber que el esfuerzo es el componente clave para todos los objetivos de la vida.
- Pon el énfasis en el trabajo, el esfuerzo y el tiempo que están dedicando a las tareas, los deportes y otras actividades.
- Permíteles saber que valoras el contenido de lo que están aprendiendo, y no solo las calificaciones.

- Concéntrate en lo que están haciendo bien y no en lo que les cuesta. Reafirma cada progreso que realizan, aunque sea pequeño.
- Cuando tu hijo trae a casa una calificación alta, di algo como: «¡Maravilloso! Estoy orgullosa de ti... has trabajado duro y has puesto mucho esfuerzo en aprender la lección».
- Cuando tu hijo tiene problemas con la tarea, respóndele: «Echemos un vistazo al problema, eliminémoslo y vayamos paso a paso para solucionarlo». Cambiar de perspectiva sobre la tarea y formular una nueva estrategia motivará el esfuerzo y lo alejará de conclusiones negativas del tipo: «¡No sirvo para las matemáticas!»

Cuando uses palabras que funcionan, descubrirás que los efectos de fomentar el esfuerzo son duraderos y te permitirán ayudar a tus hijos a enfrentar los futuros desafíos, ya sea en la escuela, en los deportes o en la vida.

### Pregunta para reflexionar

¿Qué camino puedes usar para que tus palabras alienten a tu hijo en alguna materia de la escuela o en una experiencia de aprendizaje actual?

Una buena madre es alguien que no nos grita cuando obtenemos una mala calificación. Ella entiende, porque quizás alguna vez obtuvo ella misma una mala calificación también.

—Roberta, ocho años.

# 19

# Conéctate con tus hijos en su propio terreno

Una mañana me senté en el Classen Grill, un restaurante local, con nuestro hijo de veintiséis años, Chris, para tomar el desayuno y celebrar su cumpleaños venidero. Iba a irse de la ciudad con su esposa Maggie el mismo día de su cumpleaños, por lo que esta era nuestra oportunidad para celebrar en su lugar de desayuno preferido. Chris es nuestro hijo más tranquilo, y en ese momento estaba en el tercer año de su carrera de medicina y tenía una agenda abrumadora.

Esto de tener «un tiempo especial» es algo que Chris y yo comenzamos cuando era muy pequeño, y me di cuenta de que este amante de los deportes que era cada vez más alto (ahora mide casi un metro noventa) no iba a sentarse a visitar a la gente o a ir de compras conmigo... a menos que fuéramos a comprar una Nike Air Jordans para él.

Descubrí que el mejor modo de conectarme con Chris era yendo a su propio terreno… en otras palabras, haciendo lo que a él le gustaba y disfrutaba. Entonces, muchas tardes después de la escuela, comencé a preguntarle cuando llegaba: «¿Quieres ir a hacer unos lanzamientos al aro? O ¿Chris, quieres jugar al ping pong o al béisbol?», y ahí nos íbamos. Y así, poco a poco, comenzó a abrirse y a contarme qué pasaba en la escuela o en el equipo de béisbol, o hablaba sobre un amigo o acerca de una evaluación próxima. Yo oía lo que pensaba, en verdad, mucho más de lo que me habría imaginado si no hubiera ido a su terreno.

«Mi hijo de doce años no me habla más. Solía contarme todo, y ahora solo se calla», me dijo una madre hace poco. Compartí con ella que las emociones y pensamientos son bastante similares a la avena. Si calientas una olla con avena, a medida que se caliente las burbujas irán a la superficie. De manera similar, los niños o los adolescentes se «encienden» con las actividades que les gustan, sus emociones y pensamientos burbujean hacia la superficie, y comienzan a hablar sobre ellos. Empiezas a conectarte. Sabes lo que les molesta y lo que los moviliza.

Luego le pregunté: «¿Cuál es el terreno de tu hijo?» Resultó ser el golf, así que en ocasiones ella condujo el carro cuando él jugaba después de clases, e incluso fue a un campo de prueba de manejo con él. Para otro niño puede ser andar en patineta (hubiera sido muy difícil para mí ir a ese terreno) o patear la pelota de fútbol, o hacer ejercicio, cocinar, o armar naves. No tiene que ser algo que lleve mucho tiempo o muy costoso. Solo descubre cuál es el terreno y comienza a compartir, y las líneas de comunicación se abrirán a menudo.

Andad en amor.

—Efesios 5:2

Aquí hay dos formas de comenzar la estrategia para construir una relación con tus hijos:

*Sé accesible*. La accesibilidad significa que sea fácil acercarse, ser franca y cálida, no distante. Esto representa estar disponible para prestar «total atención», una combinación de contacto visual, contacto físico y actividad compartida. A medida que llenas los tanques emocionales de tus hijos, ellos te van permitiendo saber qué les interesa, qué sienten, qué les molesta y qué los hace felices. Se sentirán amados por ser quienes son y no por lo que hacen.

*Sé flexible*. El terreno de tus hijos seguramente cambie a medida que crezcan. Cuando nuestra hija estaba en la primaria, siempre salíamos a pasear en bicicleta, pero en la adolescencia, le gustaba pasar tiempo conmigo mirando vidrieras en el centro comercial y beber algo. Ahora le gusta que nos encontremos en la cafetería *Starbucks* para tomar un café. Cuando nuestro hijo Justin era joven, ir a su terreno significaba armar un Lego, más tarde, era jugar al tenis. Sin embargo, cuando estaba en la universidad, me pedía que nos encontráramos en la ciudad universitaria para oír una charla sobre la controversia de la creación-evolución que daba un brillante abogado.

> Los padres de los adolescentes y los padres de los bebés tienen algo en común. Pasan mucho tiempo tratando de que sus hijos hablen.
>
> —Paul Swet

Recuerda, no pases tiempo en el terreno de tus hijos solo como una recompensa por algo que hicieron o por obligación, sino como una forma de compartir y conversar sobre algo juntos o como una vía para abrir la comunicación.

Un renombrado psicólogo dedicado a la familia y los niños que vivía en nuestra ciudad creía que había que enfocarse en especial en eso: si los padres iban a su consultorio a pedir ayuda por un problema de comportamiento de sus hijos, les pedía que pasaran treinta minutos diarios durante un mes haciendo algo junto con su hijo, algo que a él le gustara y disfrutara. Si el problema de comportamiento continuaba después de un mes de un consistente «llenado del tanque emocional», ofrecía sus servicios para esa familia sin costo alguno (en lugar de cien dólares la hora). Este tipo de tiempo padre-hijo funcionaba tan bien que cuando las madres y los padres cumplían en verdad con este llenado del tanque emocional, rara vez necesitaban de su ayuda profesional para «arreglar» a su hijo.

### Pregunta para reflexionar

¿Cuál es el terreno de tu hijo? Descubre qué es lo que más le gusta hacer o en lo que se encuentra interesado y háganlo juntos.

# 20

# He estado pensando en ti

Caminaba de prisa por el aeropuerto Dallas/Ft. Worth cuando un aparador con tarjetas llamó mi atención. A pesar de que estaba llegando tarde y de que todavía me faltaban otras diez puertas, decidí detenerme a comprar una tarjeta para mi esposo Holmes. Una con un diseño de Mary Engelbreit que decía: «He estado pensando en ti» me pareció perfecta.

En la bolsa del almuerzo de un niño, pensamientos de una madre.

—PROVERBIO JAPONÉS

Unos momentos después, cuando me encontraba aplastada en el ómnibus de American Airlines con otros pasajeros cansados, uno de los pilotos se quitó el sombrero y se secó la frente. (Había muchas frentes sudorosas, ya que hacía mucho calor en el ómnibus.) Allí, pegada en la parte interior de la gorra del piloto, estaba la foto a todo color de su esposa y sus dos hijos.

El piloto miró la foto con nostalgia, como si estuviera pensando cuánto le gustaría estar con ellos en ese instante, en lugar de ir en camino a otra agenda programada con tres días de vuelo. Luego se puso de nuevo la gorra. No sé cuántos aviones tendría que volar antes de regresar a su hogar, pero por el resto del viaje, su familia estaría justo en su cabeza. ¡Ellos podrían estar fuera de su vista, pero no fuera de su mente!

No pude evitar pensar que cuando este padre-piloto regresara a su casa y sus hijos y esposa vieran su gorra, se sentirían amados y se dirían: *Él ha estado pensando en mí… he estado en sus pensamientos.*

¿Saben tus hijos y tu esposo que estás pensando en ellos? La vida transcurre a gran velocidad para la mayoría de nosotros, y es muy fácil que aquellos a los que amas se sientan perdidos en tu ajetreada vida, tu urgente lista de «cosas para hacer» o tu agenda de viajes.

> ¿Me amas o no?
> Una vez me lo has dicho
> Pero ya lo olvidé.
>
> —Anónimo

A continuación hay algunos caminos simples que puedes seguir para hacerles saber que has pensado en ellos, ya sea cuando estabas en tu hogar o cuando no estabas allí.

*Coloca una fotografía.* Pon la fotografía de tu familia donde la veas (y donde ellos puedan verla a escondidas también), por ejemplo, dentro del parasol de tu auto si es que pasas mucho tiempo conduciendo, o al lado de tu computadora o de tu mesa de trabajo. Tengo la fotografía de mi familia dentro de la almohadilla del ratón de mi computadora, y las fotos de mis nietos están en el protector de pantalla, lo que me recuerda de forma constante qué y quiénes son importantes en mi vida.

*Dibuja una mano.* Por lo general nuestros hijos no saben que oramos por ellos. Consigue cartulinas de diferentes colores y dibuja el contorno de las manos de tus hijos. Recórtalas y escribe el nombre de tu hijo junto con un verso que ores por ellos en cada mano, luego coloca las manos de papel en tu Biblia o en tu agenda. Cuando los niños te pregunten para qué sirven, puedes explicarles que deseas poder poner tu mano sobre la huella de las suyas cuando oras por ellos cada día.

> Por lo cual, animaos unos a otros, y edificaos unos a otros.
>
> —1 TESALONICENSES 5:11

*Deja una nota de cariño en la bolsa del almuerzo.* Cuando los niños o los adultos encuentran una nota en un lugar inesperado que diga «Te quiero» o «Te extraño», esto abriga el corazón y llena su tanque de amor. Las tarjetas de saludos son geniales cuando no tienen un motivo en particular, pero también lo son las notas con autoadhesivo en el espejo que dicen: «Que tengas un buen día. Te amo, mamá». Incluso los pequeños que no saben leer pueden decodificar el mensaje, encontrando a alguien que se lo lea. (Además, es un gran estímulo para aprender a leer.) Puedes esconder notitas en una mochila lista para un campamento o en un maletín para un viaje de negocios, o sobre la almohada, cuando no te encuentres en casa por la noche.

### PREGUNTA PARA REFLEXIONAR

¿Cuándo fue la última vez que le dijiste a tu esposo (o hijo) que lo amabas de una manera que iguala su idioma del amor? ¿Recibiría tu amor mejor si se lo expresarás físicamente, como con un abrazo o al sentarte cerca de él durante un partido de fútbol en la televisión? ¿Es una persona a quien le gusta leer palabras de admiración en una tarjeta? ¿Es muy dadivoso y le gusta recibir regalos pensados por ti?

## 21

# Déjalos ir

Recuerdo una cálida tarde de verano que estaba sentada en el porche en la mecedora de madera blanca, teniendo a mi lado a nuestro hijo de quince años, Justin, sin camiseta y con sus bermudas caquis. Lo rodeaba con el brazo y pasaba la mano por su hombro mientras él me contaba sus planes de trepar montañas y realizar caminatas en el campamento Vida Joven al que se iría al día siguiente. Entonces de repente mi mano descubrió algo: sus músculos habían cambiado.

*¿Podría ser este el mismo hombro que una vez perteneció a ese niño tan delgado?*, me pregunté. Sus músculos eran más compactos, lo que me hizo darme cuenta de algo que se me había escapado hasta ahora: mi primogénito estaba cambiando rápidamente de niño a hombre. Era más alto, un suave vello había brotado, el cual demandaba una afeitada de vez en cuando, y ya estaba pidiendo las llaves del auto.

Mientras nos mecíamos, no puedo decir que esta noticia repentina hiciera brotar una sonrisa en mi rostro. Por el contrario, una lágrima comenzó a formarse en mi interior y se abrió camino por mi mejilla mientras recordaba otros días de mecedora... la antigua mecedora amarilla que había comprado por diez dólares, arreglado y a la que le había cosido un almohadón. Recordaba cómo chirriaba el sillón a medida que día a día mi hijo crecía y yo cuidaba al primero, y luego a otro y otro bebé. Me inundaban los recuerdos sobre cómo los mecía para que se durmieran cuando estaban enfermos o temerosos, o de cuando les leía *Buenas Noches Luna* o *Pequeñas visitas con Dios*.

Unos pocos años después me encontraba con nuestro segundo hijo, Christopher, en la mecedora del porche (sobre un piso diferente y en otra estación del año). Las hojas de la parra que se encontraba sobre nosotros habían caído al piso. La pintura de la mecedora se había levantado. Nuestra conversación giraba en torno a los colegios que quería visitar antes de la Navidad. Yo pensaba: *Cuánto extrañaré el estruendo del estéreo de su auto cuando aparca en la calle después de la escuela, y ver su metro noventa extendido en nuestra sala frente a cada evento de la cadena de deportes ESPN. ¿Cómo pasaremos la semana sin alentar sus partidos de voleibol, básquet y béisbol después de la escuela?*

Y entonces pareció que habíamos dado unas pocas vueltas cuando nuestra pequeña y única hija, Alison, estaba cruzando el escenario con una brillante toga y gorro rojos, con su rostro iluminado y llena de esperanza... y luego la estábamos despidiendo,

> Porque Dios es el que en vosotros produce así el querer como el hacer, por su buena voluntad.
>
> —FILIPENSES 2:13

mientras partía en un avión a una misión al otro lado del océano.

Creo que dejarlos ir es la parte más difícil de la maternidad, y es por eso que las mamás peleamos en contra de esto. Dejarlos ir comienza mucho antes de que nuestro hijo abandone el nido. Lo habrás experimentado el primer día que tu hija tomó su pequeña bolsa con el almuerzo, subió a ese enorme autobús, y se marchó a la escuela. O en la sala de emergencias, o cuando se fue a un campamento de verano. O puedes haberlo evitado hasta el día que tu hijo cargó sus pertenencias en el auto, nos enceguedó con una sonrisa que costó cinco mil dólares en cuentas del ortodoncista, y se marchó a la universidad. Dejarlos ir es algo que ocurre en todas las etapas y en los momentos decisivos. Sin embargo, como mamás, todas lo enfrentamos.

En *Ragman* [El andrajoso] o en *Other Cries of Faith* [Otros gritos de fe], Walter Wangerin dice que el dolor de criar a un niño no es uno y no ocurre una sola vez. «Es doble y sucede dos veces; y me sorprende el amor que se revela en tal milagro». En primer lugar, hay que hacer lugar en nuestro cuerpo para el bebé. Luego vaciamos ese espacio tras de nueve meses de cargar a la criatura y la traemos «completa y llorosamente a la existencia». Sin embargo, este trabajo no es suficiente. ¡Como madres debemos hacerlo todo de nuevo! Sacrificamos muchas cosas para darle a nuestro hijo un espacio para crecer, dice Wangerin: nuestra agenda, nuestro tiempo, nuestro sueño, quizás, nuestra carrera, nuestra belleza.

Pero al mismo tiempo experimentamos grandes brotes de alegría, cuando vemos que nuestro hijo comienza a caminar, a hablar, a construir, a aprender.

Más tarde, cuando el niño llega a la madurez, aparece el «segundo sufrimiento», cuando debemos desprendernos de nuestro hijo de nuevo, no al salir de nuestro cuerpo esta vez, sino de nuestra casa y hacia el mundo, como un sujeto independiente. Como dice Wangerin:

No importa cuánto ella haya invertido en criarlo. Por etapas, ahora trabaja para dejarlo ir. Por grados, afloja las riendas, sabiendo muy bien del peligro al que envía a su hijo, y no obstante, temiendo el peligro mayor de aferrarse a él para siempre. Y ahora el sufrimiento de ella es porque él se encuentre consigo mismo. (¿Sobrevivirá en una existencia sin cuidados, y prosperará?) Además de eso, lo que le duele es la soledad. Para existir, él debe primero *irse*.

Esta es la parte más trabajosa de la maternidad.

Debido a que dejarlos ir es inevitable, y a que nuestros hijos crecerán y dejarán su hogar algún día, ¿cómo podemos prepararnos para ese momento?

*Desarrolla en vez de controlar.* En lugar de tratar de controlar a tus hijos desde la cuna hasta después de la universidad, haciéndoles hacer lo que quieres, piensa en tu rol de educadora, encargada de su desarrollo y guía, alguien que da las «raíces» o el apoyo para su crecimiento, desarrollo y progreso, pero que está deseosa de cambiar con las distintas etapas que atraviesan sus hijos. Dales una base de amor con valores y comportamientos familiares para la vida, pero proporciónales opciones de acuerdo con la edad de tu hijo. Aliéntalos a pensar por ellos mismos en vez de dictarles lo que deben pensar, reconoce y desarrolla los dones y la individualidad de cada uno de tus hijos en lugar de tratar de transformarlos en una versión de ti misma, y anímalos a ser responsables e inde-

> Para cada uno de nosotros hay un don especial, el modo en el que mejor podemos servir y agradar al Señor, cuyo amor es sobreabundante.
> —MADELEINE L'ENGLE

pendientes en lugar de que dependan de ti.

*Prepara tu propio corazón y vida.* Encuentra un pequeño espacio para ti misma —el porche soleado, una silla cómoda en tu habitación, o un banco bajo un árbol— y tómate un descanso para estar tranquila y nutrir tu alma. Permítele a Dios que apacigüe tu corazón con su amor, dale gracias a él porque está y siempre estará a tu lado. Cuando te tomas estos pequeños respiros con el Señor, recargas tu espiritualidad y te sientes renovada.

*Desarrolla otras relaciones.* Evita depender de tus hijos como únicos amigos. ¡Necesitas amigas! También es importante cultivar tu matrimonio y no estar dedicada por completo a los niños, descuidando las necesidades de tu esposo. No querrás despertar cuando tus hijos se vayan y decirle a tu esposo: «¿Quién eres?», ya que han dejado de estar en contacto.

*Alimenta y descubre los dones que Dios te ha dado.* Cuando mis hijos eran pequeños, escribía poemas en los sobres y del otro lado de las listas de las compras. Más adelante, los anoté en un diario y asistí a un curso de escritores aficionados en la biblioteca y a una conferencia de escritores. Finalmente, envié unas cuantas historias a unas revistas cristianas. Cuando mis hijos se encontraban en la secundaria, escribía en mi computadora como escritora de medio tiempo, y luego de tiempo completo mientras ellos se encontraban en la escuela. Cualesquiera que sean los dones que Dios te ha dado, comienza a desarrollarlos. Ten un diario. Anota los sueños que tienes para el futuro y cómo Dios puede dirigirte.

> Los niños no permanecen contigo si haces lo correcto. Este es un trabajo donde, cuanto mejor eres, más seguro es que a la larga no te necesiten.
>
> —BARBARA KINGSOLVER

*Mientras oras por tus hijos, entrégaselos a Dios.* Cheryl, madre de tres hijos ya crecidos, aprendió la lección de entrégaselos a Dios mientras sus varones crecían. Oraba a menudo:

*Señor, no sé qué hacer para que se asemejen a Cristo, sin embargo, los dejo en tus manos. Trabaja con ellos para que cumplan tu voluntad y propósitos. Esto es lo que sueño para ellos, sin embargo, también te los entrego a ti.* Estaba comprometida a amar a sus hijos y a bendecirlos, pero reconocía que era Dios quien cambiaba y moldeaba sus corazones. Al entregarles a sus hijos mediante la oración, dejó de retorcerse las manos o ponerse mal cuando uno de ellos daba un giro.

En algún momento de la vida de nuestros hijos tienes que hacer lo que hizo Hannah: confiarles sus preciados hijos a Dios. De lo contrario, los sofocarás, te aferrarás a ellos, tratarás de controlarlos y te resistirás a sus esfuerzos para ser independientes. Cuando pones sus manos en las amorosas manos del Señor, no estás renunciando a tus responsabilidades de madre de enseñarles y guiarlos. Vives con una sensación de que tus hijos no son tuyos en realidad, sino un préstamo de Dios, y debes cuidarlos sin controlarlos. Y eres libre para confiar en que Dios obrará en sus vidas para el bien de ellos y su gloria.

### PREGUNTA PARA REFLEXIONAR

¿Qué aspecto de tu hijo o hija necesitas confiarle a Dios? ¿Qué cosa o qué deseo al que te encuentras apegada necesitas dejar para sentirte más aliviada o más contenta?

A partir del momento en que despertamos hasta cuando nos dormimos, debemos encomendar a nuestros seres amados a Dios por completo y sin reservas, y dejarlos en sus manos, transformando así nuestra ansiedad en oraciones en su beneficio.

—DIETRICH BONHOEFFER

# 22

# Mantén a tus hijos saludables y en forma

Mi nieta de cuatro años, Caitlin, corrió hacia la cocina para compartir uno de los tesoros que había encontrado en el patio trasero mientras exploraba con *PaPa*. Su hermanito menor de diecinueve meses, Caleb, caminaba y comenzaba a revolver las cosas de los estantes de abajo y las tiraba por todas partes. En pocos minutos, había salido al porche y se encontraba montando su carrito. Y Noah, de nueve meses, gateaba detrás de él a gran velocidad. ¡Después de tenerlos a los tres durante unas horas, recordé por qué Dios le da bebés a los padres jóvenes!

Sin embargo, mientras los niños pequeños como mis nietos se mueven como conejitos *Energizer*, no siempre son así. A partir del cuarto grado son menos activos, y tristemente, muchos de ellos (más del treinta por ciento) son obesos. Cuando llegan a la adolescencia, el sesenta y tres por ciento de estos niños son sedentarios y rara vez mueven sus cuerpos, a excepción de levantarse para ir a buscar más gaseosa y papas fritas antes de continuar pasando otra hora delante de su juego de video.

¿Cuál es la causa de esta epidemia de niños obesos? La falta de ejercicio y las dietas con un gran contenido de grasas y comidas rápidas son una parte importante del asunto. Una encuesta reciente demostró que los niños americanos hacen menos ejercicio y consumen más alimentos fritos que otros niños de la misma edad en otros países. Y a causa de la constante tentación de los video juegos y la computadora, la televisión y las películas, los niños no mueven sus cuerpos en la misma medida en la que solían hacerlo. Es más, muchas escuelas han eliminado la educación física por razones de seguridad, y muchos niños van a la escuela en auto en vez de ir en bicicleta o caminando.

> Para los niños, jugar es un aprendizaje importante. Jugar es el verdadero trabajo de la infancia.
>
> —FRED ROGERS

La buena noticia es que tus hijos pueden crecer saludables y en forma, y los beneficios son enormes. Aquí hay algunos:

- Las investigaciones demuestran que los niños en buen estado físico tienen mejores calificaciones en la escuela. Son más capaces de concentrarse en sus tareas y, de esta manera, disfrutan más la escuela.
- Los niños en buen estado físico tienen menos enfermedades crónicas, una autoestima más alta, y son mejores para responder a las necesidades de la clase.
- ¡El ejercicio aumenta la cantidad de oxígeno corporal, estimula el poder cerebral y además aumenta la creatividad!
- Los niños en buen estado físico son más calmados y menos ansiosos.

Para estar en forma es necesario solo una serie de pequeños pasos tanto en los hábitos alimenticios como en el estilo de vida. A continuación hay una lista de cosas que, como madre, puedes hacer:

*Sé un modelo.* ¡Los padres activos crían niños activos! Sirve de ejemplo y muéstrales a tus hijos la variedad de actividades físicas que pueden realizar y las comidas saludables que existen. Recuerda: ¡Los niños tienden a hacer lo mismo que nosotros, no lo que decimos! Veremos formas de mantener tu cuerpo en movimiento en el próximo capítulo.

*No dejes la educación física.* Alienta a la escuela de tus hijos a incluir la educación física como una parte de cada día. Además, habla con la escuela sobre abrir el gimnasio durante los fines de semana y por las noches, para que las familias puedan hacer deportes juntas. Si formas parte del grupo escolar de madres, incorpora ejercicios como saltar la soga, caminatas por la naturaleza, idas al parque y tiros al aro.

*¡Ten una hora por día de un juego saludable!* Durante las horas después de la escuela, es crucial que los niños estén activos y no estacionados frente al televisor o la pantalla de la computadora (donde el niño americano promedio —incluso pequeño— pasa entre veinticinco y treinta horas por semana). Después de un juego activo, pueden hacer la tarea, leer o descansar. Evita programas después de la escuela que mantengan a nuestros hijos entretenidos con video caseteras y video juegos, y ten como objetivo dedicar al menos una hora por día a un juego saludable y muchas horas durante los fines de semana.

*Descubre qué le gusta a tu hijo y dale la oportunidad de hacerlo.* No todos los niños van a ser estrellas de fútbol o de béisbol, ni incluso disfrutarán de los deportes competitivos. Existen también los bolos, el kayak, los clubes de ciclismo, correr, las artes marciales, la danza... ¡y muchos más! Podrías construir una pared para trepar en tu garaje o en la sala de juegos, organizar un torneo de béisbol en tu vecindario, o tomar clases de kárate con tu hijo. Los días lluviosos, enciende la música y bailen en la sala. Lleven al perro de paseo después de la cena, y descubrirás muchas más cosas de sus vidas que si se encuentran sentados mirando una comedia.

## Comidas fáciles de preparar con la ayuda de los niños

- Sándwich para el desayuno: Tuesten un waffle congelado. Úntenlo con mantequilla de maní y pónganles rodajas de banana.
- Consomé de frutas: Mezcla frutas, yogur, leche descremada y hielos. (Si deseas, agrega polvo proteico.)
- Mini pizzas con caras divertidas: Comienza con salsa de tomate y vegetales tostados sobre galletas. Permíteles a los niños usar rodajas de aceitunas para hacer ojos, trocitos de calabaza para las orejas, tiritas de queso para los bigotes, y algunos granos de maíz para los dientes.
- Salsa de la tierra de las aventuras: Mezcla dos tazas de yogur con dos cucharadas de jugo de naranja o mandarinas para una deliciosa salsa para untar rodajas de frutas crudas.
- Bolas de energía: Mezcla media taza de leche descremada con una y cuarto tazas de avena instantánea, media taza de coco, media taza de germen de trigo y media taza de semillas girasol tostado. Agrega media taza de miel, media taza de mantequilla de maní y un tercio de taza de semillas de sésamo. Forma bolas.

*Haz que la comida saludable sea divertida.* Lleva a tu hijo a la tienda para que te ayude a elegir sus frutas y verduras favoritas, y enséñale a leer las etiquetas con la información nutricional. Compra menos comidas con muchas calorías, procesadas o con pocos nutrientes que la semana anterior. Pon cinco o seis pulseras de poco peso en la muñeca derecha de tu hijo. Cada vez que se coma una porción de frutas o verduras, mueve una pulsera a la otra muñeca. Objetivo: que todas las pulseras se encuentren en la otra muñeca al final del día. Alienta a tu hijo a coma de forma sana para estar *saludable* en vez de *delgado.*

> Los niños son como los relojes... ¡hay que dejarlos andar!
> —Dr. James C. Dobson

Permíteles a los quisquillosos desmenuzar o cortar los vegetales y agrega estos vegetales en sus panes. Incluye en cada comida un plato que sabes que le gustará, y en los cumpleaños, deja que cada niño elija su menú para «la cena familiar especial». Cuando te centras en la comida saludable y haces que toda la familia se involucre en actividades divertidas y sanas, el buen estado físico se convierte en un asunto familiar... y verás los beneficios en casa, en la escuela y para siempre.

### Pregunta para reflexionar

¿Cómo puedes hacer para que tus hijos pasen una hora diaria practicando un juego saludable o para que sean más activos físicamente? ¿Cuál es su ejercicio preferido?

# 23

# Mueve tu cuerpo

Vestida con zapatillas, pantalones cortos y una camiseta, espié por la ventana con mi bebé de diez meses, Alison, en mis brazos. Justin, de cinco años, y Chris de tres, jugaban a los muñequitos G. I. Joe en el piso de la sala. La cena humeaba en la olla, la mesa estaba puesta, y yo esperaba ansiosa a que mi marido llegara del trabajo para poder dirigirme a la pista.

Correr no era una actividad que yo hiciera todos los días, pero había estado tan escasa de energías tratando de cumplir con mis tres preescolares y las tareas de la casa que muchas mañanas me encontraba pidiéndole a Dios antes de que mi cabeza dejara la almohada: *Estoy tan cansada, Señor. ¡Por favor dame suficiente energía para lograr hacer todo!*

Era difícil deshacerse de «la depresión de la tarde» con una taza de café, pero era aun más difícil salir a caminar con los tres niños. Así que empecé a estar cada vez menos activa. Día tras día veía a las personas trotando a través de la ventana sobre el fregadero de mi cocina y oraba por mi fatiga. Una tarde sentí a Dios decir: *Si quieres energía, mueve tu cuerpo.*

Finalmente, Holmes entró por la puerta entre los sollozos de los niños. Lo besé, le mostré los trocitos de zanahorias y las galletas con queso sobre el mostrador de la cocina, le pasé a Alison, y luego salí a trotar con entusiasmo por el sendero detrás de nuestra casa.

> Debemos mover nuestros cuerpos para mantenerlos saludables.
>
> —HUBERTA WIERTSEMA

Luego de hacerlo por unas cuantas noches seguidas, descubrí algunos beneficios sorprendentes además de incrementar la energía que necesitaba:

- Sin hacer dieta, perdí esos últimos siete u ocho libras de más luego del embarazo. Mi hambre y mi ansiedad disminuyeron también. (No sabía que mis caminatas rápidas o trotes estaban acelerando mi metabolismo, incrementando la densidad de mis huesos, y mejorando mi salud en general al mismo tiempo.)
- Los síntomas de mi período disminuyeron. (Escuché explicar a un panel de ginecólogos que según las investigaciones no hay medicación más efectiva para esto que el ejercicio.) Esto fue genial no solo para mí sino también para mi familia.
- Estaba de buen humor y podía manejar el estrés de todos los días mejor porque el ejercicio es un gran estabilizador mental y emocional.
- Con mas energía, tenía mucha mas diversión con mis hijos y mi marido.

Puede que estés pensando: *No puedo disponer de ese tiempo. Eso es algo muy egoísta pues tengo mucho que hacer.* Si es así, compartamos una analogía. Cuando estaba en un avión la semana pasada, la azafata bajó las máscaras de oxígeno y mostró un principio importante: Asegure su máscara antes de asistir al niño sentado al lado suyo.

Ese principio se traduce para las mamás así: Cuídese usted misma de manera que pueda cuidar a los otros... sobre todo a sus hijos y su esposo. Realizar el ejercicio suficiente es un gran componente del cuidado propio. Cuidar a niños pequeños (y hasta de edad primaria y adolescentes) es un trabajo agotador. Tendrás más energía y vigor para tu trabajo si mueves tu cuerpo con regularidad en lugar de llenarte de caramelos, café o gaseosas dietéticas. Aquí hay algunas formas simples de comenzar:

> ¿O ignoráis que vuestro cuerpo es templo del Espíritu Santo, el cual está en vosotros, el cual tenéis de Dios, y que no sois vuestros? Porque habéis sido comprados por precio; glorificad, pues, a Dios en vuestro cuerpo y en vuestro espíritu, los cuales son de Dios.
> —1 Corintios 16:19-20

*Comienza poco a poco.* Una de las cosas que me encanta de caminar es que no tienes que cambiarte la ropa y ejercitar por una hora en el gimnasio para estar en forma. Planea caminar con ritmo por veinte minutos y aumenta luego el tiempo a treinta minutos. En una entrevista con el doctor Ken Cooper, fundador del Centro de Aeróbicos de Dallas, aprendí que los doctores solían pensar que tenías que hacer ejercicio de una hora a una hora y media para obtener algún beneficio. Pero ahora ha sido probado que solo treinta minutos diarios de caminata con ritmo (como si fueras a algún lado apurada) produce un nivel adecuado de buen estado físico. ¿Cómo puedes manejar esto? Negocia el cuidado de los niños con una vecina, o levántate lo suficiente temprano para caminar antes de que tu marido vaya a trabajar.

*Encuentra a una amiga para caminar.* Es más posible que continúes motivada si una amiga cuenta contigo para hacerlo. Susan,

una de mis compañeras favoritas de caminatas, perdió treinta
libras en un año caminando conmigo. Desdichadamente, yo no
perdí tanto peso, pero pasamos ratos grandiosos charlando y orando juntas mientras las millas pasaban.

*Saca a pasear a tus niños, al perro o a tu marido.* Además del
hecho de que los bebés y los niños se benefician con el aire fresco
y reciben un impacto beneficioso por el rol modelo de una madre
activa y en forma, tu perro te recibirá con cariño y estará más feliz
también si lo sacas a pasear. No tienes que ir todos los días por el
mismo camino. Ve caminando hacia algún lado en particular, no
manejes, para cambiar un poco. Camina con un objetivo en
mente (como un parque o una biblioteca). Nos encanta caminar
hacia un café cercano el sábado y parar en el mercado en el camino a casa. Mezcla estas cosas para que no se establezca una rutina,
y varía la hora del día en que caminas también. Caminar con tu
marido no solo es bueno para el físico de ambos, sino también
para su matrimonio. Holmes y yo hemos tenido nuestras mejores
charlas sinceras mientras caminábamos alrededor de la cuadra con
nuestros niños o con nuestro perro.

> El ejercicio es esencial para llevar oxígeno a tus células.
> Dios nos creó para ser físicamente activos. El oxígeno
> da vida a nuestro cuerpo... desintoxica nuestra sangre,
> refuerza nuestro sistema inmunológico, incrementa la
> concentración y el estado de alerta, rejuvenece y revi-
> taliza las células no saludables, disminuye el proceso
> de la edad y ayuda a la depresión.
>
> —SHARI ROSE SHEPHERD

*Usa un podómetro*, un aparato pequeño digital que graba los
pasos que das durante las horas de caminatas. Hacen falta diez mil
pasos por día para que una persona esté en forma. Eso puede estar

dividido en diez minutos de ejercicio tres veces al día o cualquier otra combinación, e incluye la jardinería, correr detrás de sus hijos o subir escaleras con la carga de la ropa. He descubierto que usar un podómetro me ayuda a mantenerme alerta de cuán activa o sedentaria estoy en un día en particular, y me alienta a salir y mover mi cuerpo si he estado mucho en la computadora o en el auto.

*Descubre qué cosa funciona mejor para ti.* Lo admito, soy una apasionada del deporte porque he visto los cambios que logró en mi propia vida y en las vidas de innumerables personas que he conocido al caminar en el centro comercial o con temperaturas bajo cero cuando vivíamos en Maine o en los otros barrios en que hemos residido durante los últimos veinticinco años.

Sin embargo, si te aburre caminar, puedes practicar yoga a través de un video mientras los niños duermen su siesta, pedalear en una bicicleta fija o ejercitarte en una cinta de caminar en casa (las puedes encontrar en ventas de garaje desde cincuenta dólares o más), pasear en bicicleta en familia, o asistir a clases de gimnasia aeróbica en el club de la Asociación Cristiana de Jóvenes. Encontré que si haces el ejercicio divertido estarás más dispuesta a hacerlo. Las diferentes etapas de la vida pueden producir diferentes necesidades. He jugado tenis con un grupo semanal, he ido a nadar con mis hijos en el verano, y he pedaleado en bicicleta en el sótano cuando la lluvia helada no me permitía salir.

¡Lo que importa es mantenerse en movimiento y hacerlo durante toda la vida! Tú, tus hijos y tu esposo estarán muy contentos de que lo hagas.

### PREGUNTA PARA REFLEXIONAR

¿Cuál es tu forma preferida de ejercicio? ¿Eres una deportista social y, por lo tanto, necesitas un compañero? ¿O te agrada ejercitar sola?

# 24

# Señor, cámbiame

Cuando Chris tenía diez años, parecía que a cada paso no podíamos evitar pelear. Me descubrí a mi misma convertida en una crítica de sus actitudes y su cuarto desordenado. Él estaba enojado porque no le habíamos conseguido un par de pantalones negros de paracaidismo de última moda, que nosotros creíamos que no necesitaba. Me frunció el ceño en la mesa del desayuno y cerró la puerta de su cuarto. Estaba irritado con mis recordatorios de ordenar su cuarto y de no molestar a su hermana. Hubiera deseado que me hablara pero se rehusó a comunicarse. Sobre todo, quería decirle cuanto lo quería, y los enojos nos separaban más.

Así que comencé a orar. (Esa es una de las cosas maravillosas de ser padres... nos conduce a Dios una y otra vez.) Y cuanto más oraba por nuestro hijo, mas oía a Dios decir: *Eres tú quien necesita cambiar. Necesitas aceptar a Chris tal cual es. No solo lo toleres sino disfrútalo y aprécialo... ¡con las mañas de un niño de diez años y todo! Hay un momento para la corrección, pero hay también un momento para la aceptación.*

Durante las semanas siguientes, oré: *Señor, cámbiame. Perdóname por ser irritable y ayúdame a ser una mamá afectuosa, comprensible, y que entienda lo que mi hijo necesita. Y ayúdame a verlo a través de tus ojos.*

Mientras Dios contestaba gradualmente la oración, él trabajaba sobre ambos. Vi de nuevo algunas de las cualidades de la personalidad maravillosas de Chris: sus hábitos de estudio estables y la responsabilidad para la escuela, la actitud hacia el deporte que lo hizo tan buen jugador de equipo. Y hasta una sonrisa o dos se cruzaron por mi camino. El Espíritu de Dios trajo arrepentimiento con relación a mi actitud crítica y a mi falta de aceptación de la gente, e hizo algo para mejorar mi carácter.

Chris y yo jugamos algunas rondas de ping-pong y también jugamos a arrojar el disco en el parque. Aunque haya pasado una etapa dura tratando de llevarme bien con él, mi hijo de diez años comenzó a compartir algunos de sus pensamientos conmigo. Comencé a entender qué cosas le estaban molestando y vi cómo orar mejor por él.

Cuando entiendes matemática de tercer grado, ya no perteneces a las clases de matemática. Si entendiéramos lo que la paternidad tiene para enseñarnos, no perteneceríamos a la paternidad. Si entendiéramos cómo ser esposos perfectos, probablemente no estaríamos incluidos en el matrimonio ... Si entendiéramos nuestra unidad con Dios quizá no necesitaríamos iglesias. Jeremías imaginó tal día cuando «no enseñará más ninguno a su prójimo, ni ninguno a su hermano, diciendo: Conoce a Jehová; porque todos me conocerán, desde el más pequeño de ellos hasta el más grande». Mientras tanto, gracias a Dios por la enseñanza.

—POLLY BERRIEN BERENDS

Mientras estábamos juntos un día, recordé el dicho: «Los niños que más amor necesitan son los que son menos amados». Pensé que esa era la manera en que Dios nos trataba. Mucho antes de que lo amáramos, él nos amó y dio su vida por nosotros. Y él quiere moldearnos y formarnos cada vez más como es Jesús. Y mientras el Señor nos usa como padres para moldear y formar la personalidad de nuestros niños, también usa a nuestros niños para darnos forma y refinarnos a nosotros.

### PREGUNTA PARA REFLEXIONAR

¿Qué te está enseñando Dios a esta altura del matrimonio y la maternidad? ¿Qué área en tu vida o personalidad necesitan transformarse o refinarse? Agradécele por el proceso de aprendizaje y por su paciencia mientras tú creces (como la mayoría de los humanos lo hacen) dando tres pasos adelante y dos para atrás.

Si no cambiamos, no crecemos. Si no crecemos, no estamos en realidad viviendo.

—GAIL SHEEHY

# 25

# ¡Salta!

Es fácil sentarse a un lado como un padre observador, pero distante de la acción. A menudo las madres no encontramos esperando que termine la clase de piano o kárate en el auto o agotadas preparando la cena mientras nuestros niños nos empujan para ir afuera. Recuerdo los días en que me sentaba al lado de la piscina local, exhausta por el trabajo de la mañana, mientras veía a mis hijos disfrutar en el agua y pensaba en toda la ropa que me esperaba en casa o en las cuentas por pagar o alguna otra tarea que debía hacer.

> El de corazón contento tiene un banquete continuo.
> —PROVERBIOS 15:15

Un verano cuando vivíamos en Maine había manejado hasta la playa contenta de poder estirarme en mi silla de playa rayada y leer mientras nuestros niños jugaban y nadaban. Conlleva un esfuerzo consciente zambullirse en esas heladas olas del océano de Maine, como también implica un esfuerzo conciente involucrarse en las actividades y juegos diarios de los niños.

Aquel día me di cuenta de que era una oportunidad de oro para unirme a mis hijos en algo que ellos en verdad disfrutaban. Que debido a todas las horas en que vamos por caminos separados en el trabajo, la escuela, los campamentos o los deportes, esta podía ser la única oportunidad que tendría hoy para involucrarme personalmente en la vida de mis hijos.

*¡Aprovéchalo!*, decía mi corazón.

*¡Está muy fría!*, contestaba mi cuerpo.

Pero luego de animarme (después de acostumbrarme al agua congelada) logré tener grandes momentos para recordar con mis hijos... recuerdos de saltar las olas, de emparedados de mermelada y mantequilla de maní con arena, de reírnos de las gaviotas que se precipitaban de cabeza sobre nuestra comida, y de los caracoles que recolectamos y trajimos a casa en una lata de café.

> Dejen que los niños rían y estén contentos. Oh querido, ellos no tienen mucho tiempo antes de que el mundo los asalte. Permítanles una risa genuina ahora. Rían con ellos, hasta que las lagrimas se derramen por sus rostros... hasta que un recuerdo de pura delicia y de una relación deliciosa y preciosa sea establecido dentro de ellos, indestructible, personal, y para siempre.
>
> —WALTER WANGERIN

Es en esos momentos de actividades compartidas cuando se construye una relación padre-hijo fuerte y afectuosa. A lo largo de las comidas, las tareas, y los hechos diarios de la vida familiar, los momentos juntos forman y aseguran una base sólida para el aprendizaje y la vida. Son esos momentos en que «estás ahí» en el juego o en las actividades, sin estar preocupada por los asuntos de los adultos sino en realidad observando, escuchando y estando involucrada, diciéndole a un niño con estas acciones: «Te amo. Eres lo suficiente importante para garantizar mi presencia y mi atención completa».

Hoy en día, «saltar» para mí significa desempeñar el papel del capitán Garfio mientras nuestra nieta Caitlin es Peter Pan, o actuar como el duende malo mientras ella representa a los tres cabritos marchando a través del puente. Tiene una gran imaginación, y la mía está mejorando un poco por su influencia.

> Es un talento feliz saber como jugar.
> —Ralph W. Emerson

Ya sea sábado, domingo por la tarde o de noche, busca momentos en los que puedes «saltar» con tu hijo. ¡Aprovecha esos momentos, y disfruta cada minuto!

### Pregunta para reflexionar

¿Dónde hay un lugar en el que puedas «saltar» con tu hijo este fin de semana?

# 26

# Señor, dame paciencia

Esperando en el mostrador de Delta en el aeropuerto de Colorado Spring, vi a una niña pequeña de ojos azules vistiendo un conjunto rosa y amarillo que combinaba con un sombrerito y pequeñas zapatillas color rosa. Cuando se ayudó con una silla cercana, su mamá la tomó de la mano y con un montón de ayuda y una gran exhibición de paciencia, la bebé «caminó» por el sector de entrada. Sonriendo de oreja a oreja, la pequeña estaba muy orgullosa. Sus pies trastabillaron un poco, su paso era inestable... después de todo, ella era una caminante inexperta, en la etapa de sostenerse de las cosas y deambular pero sin caminar de modo independiente aún.

Por la sonrisa en su rostro, uno podía adivinar que la bebé creía que había logrado tal acción por sí misma cuando en realidad siempre estuvo acompañada por su mamá, que la sostenía al caerse. Esta joven madre no apresuraba los bamboleos de su hija, sino que la alentaba con afecto a lo largo de su corto viaje.

*Así es justo como Dios es con nosotros*, pensé... y en realidad es así, paciente con nuestros tambaleos y errores. Listo para sostenernos cuando nos caemos o para alentarlos cuando tropezamos a lo largo del viaje.

¡Oh, si fuéramos tan pacientes con nuestros hijos como Dios es con nosotros! Tolerantes con sus errores de niños y fallas, esperando cuando no están comiendo o haciendo algo tan rápido como el resto de la familia, y alentándolos cuando queden detrás de otros compañeros en el deporte o la escuela. Y sin esperar que sean perfectos.

Al criar niños necesitamos mucha paciencia, y a veces nosotras las mamás sentimos que se nos acaba. Como escribió Marjorie Holmes. «¡Oh, Dios dame paciencia! Con este niño que esta diciendo su larga historia entusiasmado... si lo interrumpo ahora, no solo se sentirá herido sino que también existe la posibilidad de que no se acerque a contarme algo importante la próxima vez. ¡Oh, Dios dame paciencia! Con este bebé que está jugando con la comida... mientras espero a un amigo que llega tarde, o por una línea telefónica que está ocupada, o para que el tránsito se despeje».[6]

> Como madre debo hacer mi parte con fe, paciencia, de forma amorosa y feliz... y luego esperar con quietud a que Dios haga la suya.
>
> —RUTH BELL GRAHAM

Aquí describimos algunas ocasiones en las que sus niños necesitan de su paciencia:

*Cuando pasan por transiciones.* Cuando los niños pasan por cambios, algunas veces cometen errores, luchan, o hasta tienen retrocesos. La transición entre la casa y el colegio, los cambios de la escuela primaria a la secundaria, o una mudanza de ciudad o a través del país, pueden ser difíciles. Puedes ayudarlos estando calmada, dándoles apoyo mientras aprenden las nuevas habilidades que se requieren de ellos, marcándoles el camino, y haciendo los ajustes necesarios para que sean exitosos en el nuevo entorno. Puedes ser alentadora si el reporte de notas del colegio al final del primer período no es lo que esperabas y evitas exigir que tu hijo sea perfecto en todo, entendiendo que puede ser mejor en algunas materias que en otras.

*Cuando son preescolares.* Como mamás, algunas veces esperamos demasiada madurez emocional y mental de los preescolares que son más desarrollados en su constitución física o que son verbalmente precoces. A menudo esperamos que la conducta de los niños más pequeños encuadre con los parientes más grandes y los apresuramos a tener más responsabilidades o a obtener más logros de los que son capaces. Se requiere mucha paciencia para ver a los niños pequeños en la edad y etapa en que en realidad se encuentran, no como «el hermano mayor» o como adultos pequeños, y regocijarse en donde están.

La doctora Louise Bates Ames nos dice una de las mejores cosas que podemos hacer por los preescolares: «Respetar su individualidad. Respetar su inmadurez. Respetar a su hijo por lo que él o ella es ahora, como un preescolar. Nunca habrá un período tan feliz». Puedes leer acerca de las etapas de desarrollo del niño, pero no esperes que tu hijo se desarrolle a la misma velocidad que sus parientes o los hijos de tus amigos. Tener conocimiento de los períodos que están atravesando tus hijos te ayudará a saber lo que es razonable de manera que «aunque tus deseos y objetivos seguirán siendo infinitamente altos, serás capaz de esperar... para reprimir el impulso de empujar, influir, sugerir, insistir, y hasta castigar los desempeños pobres o la falta de ellos».[7]

*Cuando maduran más tarde.* Me encanta el libro para niños *Leo the Late Bloomer* [Leo, el último en madurar] de Robert Kraus.

El amor es sufrido, es benigno.

—1 Corintios 13:4a

Leo, el personaje principal de la historia, no puede hacer nada bien. No puede leer o escribir, no puede dibujar como el resto de las criaturas del bosque, y come de manera impropia mientras todos sus amigos lo hacen prolijamente.

—¿Cuál es el problema con Leo? —pregunta su papá.

—Ninguno —dice su mamá—. Leo solo madurará mas tarde. *Mejor tarde que nunca*, piensa su padre.

Así que cada día y noche el papá de Leo lo observa tratando de encontrar signos de madurez. Lo mira y espera, pero nada sucede. Desesperanzado, pregunta:

—¿Estás segura de que Leo va a madurar?

—Paciencia —responde la madre—, si lo observas no sucederá.

Viene la nieve y luego la primavera, y el padre de Leo no observa cómo su hijo pasa ratos maravillosos jugando, explorando y creciendo.

El autor nos dice luego: «Entonces un día, a su propio tiempo... ¡Leo maduró!»

Ahora Leo puede leer, escribir y dibujar con adornos. Y hasta come prolijamente, y cuando habla no es solo una palabra... es una oración entera que dice: «¡Lo hice!»

El mensaje de este libro genial para cada uno de nosotros, como madres y padres, es que debemos tener paciencia con los niños que maduran más tarde y con todos ellos, creerles, y saber que como Leo, a su debido tiempo y en el tiempo de Dios, ellos madurarán.

## PREGUNTA PARA REFLEXIONAR

¿En qué área necesitas ser más paciente con uno de tus hijos?

Todos los niños tienen dones. Solo que algunos abren su paquete más temprano que otros.

—MICHAEL CARR

# 27

# ¿Por qué, mamá, por qué?

Nuestro nieto Noah, de diez meses de edad, sacó todos los paquetes de papas fritas del último cajón de la cocina. Luego descubrió las botellas de productos de limpieza debajo del fregadero, investigó los cajones de juguetes en la habitación siguiente (los cuales no era tan interesantes como lo que estaba fuera de los límites en la cocina), arrojó todos los juguetes sobre el piso y entonces procedió a darle un rápido tirón de pelos a nuestro perro Randy. Noah tiene una obsesión innata por descubrir cómo funcionan las cosas y por qué, y la despliega con gran entusiasmo.

Cuando tu hijo aprende a hablar, comienza a hacer preguntas, cientos de ellas: ¿Porqué el arco iris tiene colores diferentes? ¿Por qué tenemos lágrimas? ¿De dónde viene la nieve? ¿Por qué hace frío?

Como Noah, los pequeños son llevados a descubrir qué es todo y qué hace que esas cosas funcionen. Para las mamás es un momento desafiante, al tener que contestar preguntas sin fin ( y poner un montón de cosas de nuevo en los cajones y armarios), pero es un tiempo importante para nuestros niños y para su curiosidad en desarrollo.

Primero que todo, detengámonos y agradezcamos al Señor por las preguntas de nuestros hijos. Ellas son mecanismos dados por Dios, instalados en sus cerebros pequeños para aprender y crecer. Los niños están llenos de asombro y curiosidad por todo, desde los bichos con forma de bolitas en la vereda, lo que sucede cuando se aplasta una banana o un huevo, hasta por qué ellos no pueden volar si los pájaros y los aviones sí. De manera que tu oyes todo el día por qué, por qué, por qué.

Cuando enseñaba en la secundaria, deseaba que mis alumnos preguntaran «¿por qué?» más seguido, pero ya en esta etapa no son comúnmente tan curiosos. Un investigador ingresó a las secundarias para observar a los estudiantes y descubrió que solo formulan once preguntas reales al día además de «¿Cuándo es el almuerzo?» O «¿Qué harás hoy en la noche?» Mis alumnos preguntaban un poco más durante una animada discusión, pero los hechos muestran que de alguna manera la curiosidad maravillosa de los niños se pierde a lo largo del camino.

> Como un extraño en nuestro planeta, todo niño normal nace curioso.
> —DOROTHY CORKILLE BRIGGS

Al acabar el día puede que hayas llegado al final de tu cuerda, que estés demasiado cansada para prestarle total atención a una cadena completa de preguntas. Pero recuerda que tu respuesta será un cartel de «Pare» (no preguntes, no toques, no averigües, no aprendas) o un cartel de «Adelante» (pensemos y hablemos de esta pregunta) que alienta el aprendizaje.

Por supuesto, cada vez que los niños preguntan algo, no puedes detener las actividades que estás haciendo, sacar una enciclopedia y compartir la respuesta, así que aquí hay algunas maneras de manejar las preguntas de tu hijo:

*Di*: «¡Qué gran pregunta!»

*Anota la pregunta* en una tarjeta si no sabes la respuesta, y la próxima vez que andes por ahí haciendo trámites, detente en la biblioteca y toma un libro o pide ayuda al bibliotecario para encontrar la respuesta. Saber que valoraste su pregunta dejará una impresión imborrable en tu niño.

*Haz tus propias preguntas.* Si vas al zoológico, haz preguntas que hagan pensar a tus hijos, como: ¿Por qué crees que el elefante tiene una trompa tan larga? ¿Por qué la piel del jaguar tiene manchas? ¿Cuál de estos monos no es como el resto?

*Alienta el pensamiento creativo.* Cada niño es creativo en alguna área... uno en el arte, otro con habilidades para resolver problemas, otro en música, drama, o electrónica. Provéeles la materia prima para crear como por ejemplo una caja de arte o papeles de colores, marcadores, tubos de cartón, brillos y otros materiales. Añade alguna ropa para disfrazarse y hasta objetos de venta de garaje para armar un centro de creatividad. Luego dales tiempo y espacio para pensar y crear de forma espontánea. Estarás ayudando a tus hijos en todo lo que Dios planeó para ellos.

Si recuerdas que no hay preguntas tontas, solo algunas que no han sido pensadas con cuidado, si les pides opinión a tus niños y celebras su curiosidad, si no los desanimas por cuestiones fuera de

Los niños son una isla de curiosidad rodeados por un mar de signos de pregunta.

—ANÓNIMO

lugar, recorrerás un largo trecho en el camino para mantener su asombro vivo y ayudarlos a estar ansiosos por aprender... no solo en el preescolar sino durante si adultez.


PREGUNTA PARA REFLEXIONAR

¿Cómo puedes afirmar o alentar la curiosidad y creatividad de tus hijos en las etapas en que están ahora?

# 28

# La preocupación es como una mecedora

Un sábado por la mañana me levanté de la cama y corrí al baño a buscar el inhalador de nuestro hijo de seis años. Mientras me dirigía por el pasillo a su habitación y lo escuchaba haciendo el típico sonido, pensaba: *Oh, no, otro ataque de asma no. Se supone que*

> La oración le abre las puertas a aquel que puede salvarte de tus preocupaciones y lo hará.
>
> —CORRIE TEN BOOM

*comienza en primer grado mañana.*

A pesar de nuestros mejores esfuerzos durante el resto del día con la medicación, las llamadas al doctor, las oraciones y el jugo de manzana, tuvimos que llevar de emergencia a Justin al hospital a las diez de la noche. Durante todo el camino al centro médico estaba preocupada. También me preocupé cuando el doctor dijo que mi hijo tenía que quedarse internado en lugar de ir a casa después de una aplicación de adrenalina. Me preocupé más cuando al día siguiente el doctor nos dijo que algo tenía que recuperarse en el cuerpo de nuestro hijo... el personal del hospital había hecho todo lo posible por él.

Sé como es preocuparse por los niños, y no estoy sola. Durante años he hablado y orado con cientos de mujeres acerca de sus temores y preocupaciones por los niños. Con la ayuda de Dios, he aprendido algunas maneras para dejar ir tus preocupaciones y confiar tus hijos a Dios.

> Los niños viven el presente, y saben cuándo estamos con ellos de forma física pero no mental. Al preocuparnos por el pasado y el futuro, perdemos el presente y nuestros niños no nos tienen, aun cuando estamos cerca.
>
> —DAVID ELKIND

*Confía en Dios y pon la mano de tu hijo en su mano.* Ese día de septiembre, luego de escuchar al médico decir que tenía las manos atadas y que él no podía hacer nada más para ayudar a nuestro hijo, me volví a Dios. Le imploré al Señor en una capilla ubicada unos pocos pisos debajo de la sala pediátrica, percatándome de que, aunque había dedicado a Justin a Dios cuando era bebé en un servicio en la iglesia años atrás, también me había aferrado a él al pasar los años y había pensando que si lo intentaba lo suficiente podría mantenerlo a salvo. Dios me llamó para que confiara a Justin a su total cuidado. Al inclinar mi cabeza y poner la mano de nuestro hijo en la mano de Dios, el temor y la preocupación que habían asaltado mi corazón comenzaron a desaparecer.

La mejor noticia que como madre joven alguna vez oí (junto con el hecho de que Jesús me ama) es que Dios quiere que le entregue mis preocupaciones y cargas a él. Como dice en 1 Pedro 5:7: «Echando toda vuestra ansiedad sobre él, porque él tiene cuidado de vosotros». Esto significa que el Señor no solo quiere que encomiende mis tres niños a su cuidado, sino que también me está invitando a decirle cuándo estoy más preocupada y estresada, y a liberarme de estos sentimientos, confiando en que él puede manejarlo todo. ¡Qué amigo tenemos en Jesús! Encontré útil anotar los problemas o las personas por las que estaba preocupada, y uno por uno pedí por ellos en oración. Como si las envolviera en un paquete, llevé hasta el trono de la gracia mis preocupaciones más grandes. A veces tenía que pensar en un problema diez minutos al día mientras las preocupaciones volvían a mis pensamientos. (Nuestras mentes son como grabadoras, y los pensamientos ansiosos suenen una y otra vez.) Pero cuando lo dejaba ir hasta el punto de no estar pensando en el problema, ese era a menudo el momento en que una solución se me ocurría o la situación se resolvía.

Y lo mejor de todo, mientras esperaba una respuesta de Dios, mis energías se habían renovado para ser la madre que mis hijos necesitaban y disfrutar el día que teníamos juntos en lugar de preocuparme.

«La preocupación es como una mecedora», me dijo una vez una amiga sabia ya anciana. «Te da algo para hacer, pero no te llevará a ningún lado».

Por nada estéis afanosos, sino sean conocidas vuestras peticiones delante de Dios en toda oración y ruego, con acción de gracias. Y la paz de Dios, que sobrepasa todo entendimiento, guardará vuestros corazones y vuestros pensamientos en Cristo Jesús.

—FILIPENSES 4:6-7

La preocupación nos arrebata la diversión y la energía causando que sobreprotejamos o controlemos a nuestros chicos, no estando así disponibles emocionalmente para ellos. También consume la fuerza que necesitamos para hoy. «Preocuparse es llevar la carga de mañana con la fuerza de hoy. Es llevar dos días a la vez. Es pensar en mañana de manera prematura», dice Corrie ten Boom. No sé tú, pero yo necesito toda la fuerza que pueda juntar para las próximas veinticuatro horas.

Como madres, tenemos el deseo de proteger y cuidar a nuestros niños. Pero a veces podemos convertir este cuidado en una forma de aferrarnos a ellos y dar lugar a las preocupaciones. Aquí hay algunas cosas que puedes hacer para que tus preocupaciones se desvanezcan:

*Llama a un amigo para orar contigo.* La amistad divide la carga y multiplica el deseo.

*Pon tu mente en las promesas de Dios* (como Isaías 41:10; 2 Timoteo 1:7; Jeremías 31:3; o Isaías 40:29) en lugar de pensar: *«¿Y qué sí...?»* Absorbe las promesas. Ora por ellas, y cree en ellas.

> Feliz es la madre que está muy ocupada para preocuparse durante el día y demasiado cansada para preocuparse en la noche.
>
> —ANÓNIMO

*Revisa con cuanta fe Dios ha llenado tu vida en el pasado*: las oraciones contestadas, las bendiciones que surgieron de tiempos difíciles, las maneras en que el Señor ha intervenido o proveído. Comenzarás una reacción en cadena de gratitud que ayuda a colocar tus preocupaciones en perspectiva.

### PREGUNTA PARA REFLEXIONAR

¿Por que cosas estás más preocupada? Deja a Dios saber tus preocupaciones orando por ellas.

# 29

# Lucha de poder

—Mamá, no eres justa, es mi cabello y debería ser capaz de hacer lo que quiero con él —me dijo mi hija adolescente Alison.

—Ali, cuando pagues por tus cortes de cabello, entonces podrás elegir el color y el estilo —contesté, manejando hacia la peluquería.

Es asombroso cómo una cosa pequeña puede causar tan gran conflicto. ¡Algo tan simple como el cabello de mi hija adolescente! Esto se había convertido en una lucha de poder. Ella quería ser creativa... cortar su largo pelo rubio y teñirlo de rojizo. Me imaginaba un rojo oscuro horrible que no se iría con los lavados, y debido a que era la mamá, creía tener un poco de influencia.

Mi hija no estaba de acuerdo.

Traté de convencerla durante el camino a casa de cuán bien le había quedado luego de cortarlo y secarlo. Ella continuaba pensando que yo era anticuada. La tensión crecía entre nosotras con relación al tema de su cabello.

De forma extraña, la tensión creció también entre el Señor y yo. Frustrada, pedí un poco de ayuda: *Señor, ¿qué quieres que haga? ¡Sabes como ella luciría con el cabello de ese color!*

Una mañana, luego de mi oración, Dios pareció darme alguna dirección. Pero no era lo que quería oír: *Libera su cabello.*

*¿Quieres decir que le permita hacer lo que quiera con su pelo? ¡Lo arruinará!,* respondí. Ahora la pelea era entre Dios y yo, y solo su gracia podría ayudarme a obedecer su dirección.

Finalmente, una tarde casi una semana después cuando Alison estaba en la cocina, me dirigí a ella y le dije: «Alison, he decidido que el cabello es tuyo y puedes hacer lo que quieras con él. Tu cuarto también lo es... aunque preferiría que lo mantuvieras limpio, no habrá más regaños ni iré detrás de ti recogiendo todo».

Con una sonrisa de satisfacción, Ali estuvo de acuerdo. Mientras yo no me espantaba con su cuarto desordenado o los peinados creativos de pelo corto que modelaba en la mesa del desayuno, mi responsabilidad se volcaba en el área de no proveer una oportunidad de conflicto. Sí que me metí en problemas con algunas de las mamás de sus amigas, cuyas hijas oyeron de la nueva libertad encontrada por Alison con su pelo y creían tener el mismo derecho.

> Como padres, tratamos de mantener una cierta cantidad de control y por lo tanto tiramos de la soga ... pero tenemos que aprender cuándo soltarla, y eso no es fácil.
>
> —ARETHA FRANKLIN

Un día, me sentí respaldada cuando el doctor James Dobson dijo: «Estoy convencido de que el alejamiento de los adolescentes de sus padres está inspirado en lo divino». Con alivio, me di cuenta de que los intentos de Alison por ser más independiente eran por completo normales. Significaban que tenía que soltarla un poco más... y confiarla a su Padre celestial.

Cuando la lucha de poder sobre el tema de su cabello menguó, ella comenzó a experimentar un poco. Tiñó su pelo de marrón oscuro y de rojizo, pero esto solo duró unos pocos días. No le gustó y lo cambió a su color natural. Hasta les cortó el cabello a algunas de sus amigas más valientes. Así mostró su talento, y más tarde, concurrió a una escuela de peluquería entre el primer y segundo años de la universidad. Ahora corta mi pelo, el de su papá, el de su hermano y el de su cuñada, y el cabello de muchas otras personas más. Y hace un trabajo hermoso.

Cuando los conflictos parecen estar tomando por asalto tu casa, considera estas cosas:

*Da un poco de línea a la vez.* Piensa en darle a tu hijo independencia tal como cuando pescamos con una línea y un riel. Suelta un poco de línea a la vez. La lucha no es tan feroz, de manera que no es muy probable que la línea se corte. Y tu hijo tiene la posibilidad de crecer siendo más capaz y responsable durante el camino. Piensa en cómo puedes «soltar un poco la línea» para cada uno de tus hijos. Haz una lista con las responsabilidades que podrías delegar y un privilegio correspondiente que les podrías dar a cada uno de ellos.

> Y vosotros, padres, no provoquéis a ira a vuestros hijos, sino criadlos en disciplina y amonestación del Señor.
>
> —EFESIOS 6:4

*Concéntrate en lo más importante* y atenuarás algunas de las peleas por el poder. Otra manera de decir esto es: ¡Pelea tus batallas con sabiduría! En lugar de quejarte y tratar de controlar a tu hijo en cada tema menor, ahorra tu energía para cosas en realidad importantes. Algunas veces como mamás tratamos de incluir nuestros deseos en áreas menores, por ejemplo en cómo lucen nuestros hijos o la apariencia de su cuarto. Terminamos agotándonos y causando que nuestros hijos nos dejen fuera del proceso.

Para cada uno de nosotros, lo más y menos importante puede ser diferente y cambiar según la etapa. Por ejemplo, puedes dejar que los muchachos elijan los vestuarios diarios para ir a la escuela, pero exigir que se acostumbren a contestarles a los adultos de manera respetuosa. Para un adolescente, esto puede significar darle espacio para que conserve sus posesiones y su territorio, pero permanecer firme en cuanto a la necesidad de llegar a casa a la hora acordada. Piensa en que áreas puedes renunciar a las decisiones y que áreas o normas no son negociables, luego déjaselo saber a tus niños con claridad.

### Pregunta para reflexionar

¿En que área estás experimentando un conflicto o lucha de poder con tu hijo? ¿Qué te quiere mostrar Dios o qué desea cambiar en ti? Pide su sabiduría para saber responder y manejar este tema.

He tenido muchas cosas en mis manos y las he perdido todas, pero lo que puse en las manos de Dios, eso todavía lo poseo.

—Anónimo

# 30

# Concéntrate en la rosquilla

Nuestra hija había estudiado mucho para el tercer examen de estudios sociales en su nueva escuela en Yarmouth, Maine, y estaba ansiosa esperando la nota. Cuando me mostró el examen al llegar de la escuela, solo tenía algunos errores, y su calificación era más alta que la de su última evaluación.

Sin embargo, no hubo ningún cometario positivo de su maestro. Más tarde esa semana, mientras me encontraba en la escuela, me detuve en el pasillo para hablar con su maestro. Él me explicó por qué no alienta a sus alumnos.

«Nunca escribo: "¡Buen trabajo!" en un examen ni califico con "A" a menos que sea un cien perfecto. Los alumnos tienen que ser excelentes para que los elogie», dijo con la seguridad de que esa debía ser la manera correcta de actuar.

Tus hijos van a encontrar personas así, que les tiren agua fría a su entusiasmo o no reconozcan sus esfuerzos. Pero Dios te ha dado, como su mamá, la habilidad de recargarlos con grandes dosis de coraje.

Una cosa que he observado en estos años de trabajar con niños y adolescentes en la escuela y la iglesia es que un niño que vive en una atmósfera de aliento tiene una gran oportunidad de tener éxito en los desafíos o tareas que enfrenta. En contraste, aquellos niños que no son motivados habitualmente tienen mamás y papás que usan técnicas negativas para tratar de estimular un buen comportamiento... como reservarse los elogios hasta que el niño obtiene una «A» o gana un partido de football americano, reaccionando de manera exagerada a los errores, o criticando. Cuando hacemos esto de manera inadvertida, estamos enfocándonos solo en el agujero (lo que no hacen bien, lo que les falta) en lugar de enfocarnos en la rosquilla (lo que han logrado y hacen bien). Aunque estas respuestas negativas no funcionan, los padres tienden a recurrir a ellas cuando están frustrados o decepcionados con el comportamiento de sus hijos.

Lo que funciona mucho mejor es concentrarse en la rosquilla: cuánto lo intentó tu hijo más que el resultado, cuán duro jugó más que si su equipo perdió o ganó. Destacar el progreso («¡Vaya, sacaste un setenta y ocho en tu examen de matemática. ¡Esto significa cinco puntos más que en el examen de la semana pasada!») es alentador. No lo es si decimos: «¿Cómo pudiste perder esos puntos? ¡Tú sabías los temas!»

> La ansiedad en el corazón de un hombre lo deprime, pero una palabra buena lo alivia.
> —PROVERBIOS 12:25

Si pasas por alto las fallas de tus hijos más que concentrarte en ellas y buscas algo para celebrar en su carácter, trabajo académico, lecciones de música u otros desafíos (hasta limpiar sus cuartos o recordar sacar la basura.) descubrirás que su actitud y esfuerzo mejorarán. También puedes alentarlos con:

*Sonrisas.* Esto suena simple, pero la sonrisa significa un montón para los niños. La sonrisa es un signo importante de aprobación y amor para los niños. Los chicos se ven en nuestros propios rostros, y lo que ven reflejado allí los puede alentar o no.

*Abrazos.* El afecto físico llena los tanques emocionales, así que abrázalos mientras los tengas en casa. Un sinfín de estudios ha demostrado la necesidad de los bebés de ser acunados y acariciados, pero la necesidad de contacto físico no se va cuando los chicos crecen. Los abrazos se necesitan todos los días y son en especial buenos para tratar problemas como las pesadillas y las decepciones.

> Ser madre es el arte de criar niños sin decepcionarlos.
>
> —Anónimo

*Impresiones.* Si le das a tu hijo impresiones pequeñas de su desarrollo y del progreso que está haciendo, él tendrá una visión de cuán lejos puede llegar. «Reparaste la computadora en tiempo record. Eso es un talento valioso que cualquier compañía necesita» o «Dijiste que alimentarías al perro todos los días esta semana y lo hiciste. ¡A eso yo le llamo responsabilidad!»

Durante el curso de un día, ten en cuenta cuántas palabras positivas y cariñosas le dices a tus hijos, como: «Buen trabajo», «Eres una alegría», o «Sabía que podías hacerlo», y luego incrementa el número al día siguiente.

No reserves tu aliento hasta que tus hijos sean mayores, más exitosos, más inteligentes, menos revoltosos o que solo obtengan un puntaje de «A».

Este es un principio simple, pero cultivará semillas de auto-confianza y autoestima en la vida de tu hijo. Concéntrate en la rosquilla. ¡Aprécialos y aliéntalos justo en dónde están!

### Pregunta para reflexionar

¿Cuál es la rosquilla en la que puedes concentrarte con cada persona en tu familia? Considera los esfuerzos que están haciendo para aprender algo o mejorar, su creatividad, las cualidades de su personalidad, habilidades, talentos y dones espirituales, entre otras cosas.

# 31

# Cuéntame una historia

«Nandy, cuéntame una historia del señor Squeeks», dijo Caitlin, mi nieta, mientras nos acostábamos en la cama en nuestra habitación de invitados. Ya le había dado un vaso de agua (dos veces), había ido al baño (de nuevo) moviéndose de un lado al otro y riendo, y ya eran las nueve de la noche, hora en que sus padres dijeron que tenía que ir a dormir.

Contar cuentos es un acto de devoción ... que envía a los niños un mensaje claro: me importas tanto que te quiero dar el regalo que tengo, mi tiempo. Durante esos momentos juntos, lo único que importa es la historia.

—CHARLES SMITH

Así que con las luces bajas comencé a tejer una historia de su imaginario amigo ratón, el señor Squeeks, que iba a la iglesia con Caitlin y la familia entera, y luego al parque para un picnic. No soy una narradora tan talentosa como Esopo, pero Caitlin, como la mayoría de los niños, perdona mis lagunas en el medio de la trama del cuento, me ayuda cuando me olvido de un detalle, y nunca se cansa de oír una historia. A los pocos minutos, mi enérgica preescolar comenzó a relajarse. Y cuando la miré, al terminar la historia, Caitlin se había dormido.

Mi amiga Kay tenía a su cargo una vez a la semana el transporte de chicos que iban desde primero hasta cuarto grado, los cuales la volvían loca con sus monerías. Una tarde de octubre, en defensa propia y para preservar su integridad, ella comenzó a contarles una historia llamada «El oso misterioso».

Desde entonces, cada miércoles, en su día de llevar a todos los niños, ellos le preguntaban si les iba a contar el resto de la historia del oso. Se quedaban todos muy quietos (en realidad un milagro) y eran todo oídos mientras ella continuaba el cuento del extraño oso. Su hijo Nick amaba tanto estas historias que le pedía que las escribiera para él, y ella accedió con la condición de que él escribiera su propio episodio original.

> Abriré mi boca en proverbios; hablaré cosas escondidas desde tiempos antiguos, las cuales hemos oído y entendido; que nuestros padres nos las contaron. No las encubriremos a sus hijos, contando a la generación venidera las alabanzas de Jehová.
>
> —SALMO 78:2-4

Contar historias logra muchas cosas grandes casi sin costo. Es una manera de reestablecer la comunicación, un vínculo cercano entre los padres e hijos, así como también libera la tensión del final del día. Puedes contar historia en el auto o al hacer trámites, alrededor de una fogata o en las reuniones familiares. Cualquiera sean las historias, construyen un sentimiento de pertenencia y continuidad, en especial cuando son acerca de la abuela, el abuelo, y otros parientes. Contar historias incita la imaginación de los niños, expande las habilidades del lenguaje, y lo más importante, ofrece la sana diversión de una leyenda bien contada.

*Pero no soy una narradora de cuentos nata*, puedes estar pensando. Tampoco yo lo era.

Aquí hay algunas sugerencias para comenzar:

*Cuéntales experiencias personales.* Tus niños adorarán oír sobre cuando su papá era pequeño: cuál fue su Navidad más linda, en qué problema se involucraba, a qué y con quién jugaba, su primer ojo negro o lastimaduras, la primera cita, y cómo se conocieron.

*Haz que los miembros de la familia compartan una historia en las vacaciones cuando se reúnen.* Mirar álbumes de fotos viejas y que hagan preguntas —¿Qué pasaba en el mundo cuando eras pequeño? ¿Cómo era la vida para ti? ¿Qué canciones o películas eran populares? ¿Quiénes eran tus mejores amigos?— será un gran incentivo para contar historias.

*Involucra a tus niños en la historia.* Por ejemplo, mi hermano George siempre les contaba a sus hijos historias del «vaquero Bob», y les decía: «El vaquero Bob estaba cabalgando por el rancho y vio a Jonathan y a Zack. Les preguntó si querían ir a pescar con él... ¡y atraparon al pez más grande del mundo!» Los niños amaban estar incluidos en la historia como uno de los personajes.

Algunas veces son los hechos más comunes, los relatos más simples, los que tocan y cambian una vida. Una historia que puede parecer tan simple como el relato acerca del fregadero de una cocina puede ser la que alguien nunca olvide.

—DEENA LEE WILSON

*Cuéntales una historia circular* cuando viajas junto a ellos. Una persona comienza la historia, el próximo agrega más acción y puede que también un personaje, y luego la historia pasa al próximo niño o padre.

Si les das a tus niños el regalo de contar historias, tal vez te encuentres con que ellos mismos se convierten en narradores, pasando el legado de la historia familiar a la próxima generación.

### PREGUNTA PARA REFLEXIONAR

¿Cuál es su historia infantil favorita: Cenicienta, Los tres cerditos, Pulgarcito, o alguna historia de la Biblia como David y Goliat o Daniel en la cueva de los leones? Practica la historia en voz alta, y luego sorprende a tu hijo contándosela alguna noche con la luz apagada.

# 32

# Alrededor de la mesa

«Mamá, te apuesto a que soy el único de la escuela que cena cada noche con sus padres», se quejó Justin mientras nos juntábamos alrededor de la mesa para otra cena familiar. «La mayoría de ellos compra comida rápida luego de los deportes y juegan a los videos juegos o miran *Friends* en la televisión... ¡y yo tengo que estar aquí!»

En verdad no creía que fuéramos los únicos padres y niños que estuvieran comiendo juntos esa noche o cualquier otra. Pero la verdad es que debido a los horarios frenéticos de los padres, los niños y los adolescentes, la familia que se puede sentar junta para cenar y discutir se está convirtiendo en algo extraño.

En mi infancia, siendo la cuarta entre seis niños, la hora de la cena era un momento de reunión para toda la familia donde en ocasiones incluíamos a un vecino, abuelo o amigo. Era un momento ruidoso de conversación animada, de platos entrechocándose y vasos de leche derramada, usualmente los míos. No era una etapa perfecta. Algunas noches los niños peleábamos y estábamos de mal humor. Otras noches me las arreglaba para esconder mi porción de zapallo —que me parecía muy poco apetitoso— dentro de mi zapato, de manera que no tuviera que comerla. Pero la mesa a la hora de cenar era el lugar donde me enteraba de lo que sucedía fuera de mi mundo de castillos de arena y muñecas de papel. Allí escuchaba las noticias del barrio, una carta de Alaska en donde mi tío abuelo estaba viviendo, lo que mis hermanas mayores habían aprendido en la escuela, y los resultados de las elecciones políticas en Dallas, la ciudad en donde vivíamos.

La hora de la cena familiar, en la cual se comparte una comida y el dialogo del final del día, tiene el potencial de convertirse en el momento más importante para cada miembro de la familia, desde los más jóvenes hasta los más viejos. Está garantizado que es un desafío alimentar a los más pequeños en sus sillas altas y arreglárselas para mantener una conversación coherente, pero puedes comenzar con una cantidad de tiempo menor e ir alargándolo a medida que crecen.

Aunque hay un montón de lugares y momentos en los que puedes hablar con tus hijos, una cena familiar alrededor de una mesa es lo mejor. En realidad, hay estudios que demuestran que los niños que normalmente tienen cenas familiares en donde charlan con sus padres establecen una conexión más cercana con ellos, logran notas más altas y un número mayor de cosas que los chicos que no las tienen.

Es por eso que cuando los estudiantes hablan acerca de lo que están aprendiendo son capaces de procesar, entender y retener más.

Aquí hay algunos puntos para ayudar a transformar una cena familiar en un momento feliz así como también de aprendizaje:

*Señala un momento determinado pero sé flexible.* A los niños les da un sentido de seguridad saber: «Nos reuniremos a las siete y comeremos». Aun si se interrumpe el horario porque algún otro incidente surge, tienes un objetivo a alcanzar. Mientras nuestros

> La comida compartida es lo que en realidad podríamos llamar un sacramento familiar. Si va a disfrutar de este sacramento, significa que alguien tiene que ayudar a mamá —los niños, el marido— alguien tiene que ayudar a cocinar y limpiar, y esto debería enriquecer las comidas como sacramentos porque todos, no solo una persona, contribuye.
>
> —Robert Bellah

niños crecían teníamos que planear la práctica de tenis de Justin, la práctica de Chris de baloncesto y la de piano de Alison, pero tratábamos de pasar juntos tantas noches como podíamos cenando. Si por una temporada es imposible tener cenas juntos, establece la tradición de tener mañanas de sábados con panqueques o domingos con desayuno y almuerzo a la vez.

*Elimina distracciones.* Para que se puedan sintonizar unos con otros apaga la televisión o la computadora. Y aunque esto suene radical, desenchufa el teléfono o deja que el contestador se encargue de los mensajes de manera que ese corto período de tiempo que tienen juntos no sea interrumpido. Nos piden que apaguemos los teléfonos celulares en la iglesia y en los cines, ¿por qué no durante la cena familiar?

> Hospedaos los unos a los otros sin murmuraciones.
>
> —Pedro 14:9

*Alienta a tus hijos a involucrarse en los debates.* Pregunta sus opiniones y procura que hasta los más pequeños sean parte de ello. La pregunta: «¿Qué aprendiste hoy?» servía de trampolín para muchos debates interesantes en casa. Justin nos contaba sobre una discusión en la que había participado en la clase de ética sobre la pena de muerte. Chris nos informaba qué equipos estaban en las finales de la NCAA. Alison nos leía un poema que había escrito. Hablábamos de las cosas de la escuela, los sucesos actuales y los que estaban por venir.

*Evita asuntos negativos o desagradables* como protestar por problemas, hacer recomendaciones por conductas anteriores, o formar un escándalo por cuántas «C» obtuvo uno de tus hijos en el boletín. Puedes tratar todo eso más tarde, pero si hablas de esto en la cena, a los niños les va a molestar estar juntos allí. Conduce la charla hacia una dirección positiva preguntando: «¿Cuál fue la mejor parte de tu día?»

*Hazla especial.* La comida no tiene que consistir de cuatro platos para ser especial. Los fideos comunes pueden ser extraordinarios con un mantel a cuadros y una cena girando en torno a un tema, por ejemplo una noche italiana. Pon una vela sobre la mesa y algo de música. En las noches que estés muy ocupada puedes simplemente hacer una pizza, ensalada y rodajas de frutas, o usar el microondas... uno de los más grandes inventos para las madres ocupadas. Lo importante es estar juntos. Invitar a alguien lo hace aun más especial, y hacer un centro de mesa con flores, una colección de caracoles o algo propio de la estación como bonitas hojas de otoño u otros elementos de la naturaleza que encuentres puestos en una canasta constituye un tema para la conversación.

Una bienvenida cálida es más fácil cuando hay comida a mano.

—MIMI WILSON

Al reunirte alrededor de la mesa, agradezcan a Dios juntos con una oración o deja que los diferentes miembros de la familia conduzcan la bendición. No te olvides de compartir la limpieza. En ese momento estarás traspasando grandes valores, construyendo un sentimiento de pertenencia, y disfrutando de la compañía de los otros al mismo tiempo.

PREGUNTA PARA REFLEXIONAR

¿Qué puedes necesitar para reorganizar tus horarios y así tener una cena juntos?

# 33

# Edifica la fe de tus hijos

Cuando Corrie ten Boom tenía cinco años, aprendió a leer. Ella amaba las historias, pero en especial las que su madre le leía acerca de Jesús. Él era un miembro más de su familia, era tan fácil hablar de él como lo era hablar de su mamá, papá, tías o parientes. Ella sabía que Jesús estaba allí.

En cada habitación de la casa de Corrie se oían oraciones, sobre todo en el comedor. El papá de Corrie se sentaba cada día a la mesa oval de ese comedor con su Biblia abierta y sostenía conversaciones muy naturales con el Señor. «Orar nunca fue vergonzoso para nosotros, ya fuera con la familia junta o cuando alguien extraño venía. Papá oraba porque tenía un buen Amigo para hablar sobre los problemas del día, oraba cuando tenía una preocupación porque tenía una conexión con su Creador, él oraba porque había mucho que agradecerle a Dios».[8]

Corrie asistía a la iglesia cada domingo con su familia, pero era su vida de hogar lo que más había impactado sus bases espirituales, fue en este lugar donde ella encontró a Cristo y le entregó su vida. Ocurrió en un momento de juego en el que Corrie simuló llamar a un vecino. Ella golpeó a una puerta imaginaria, pero nadie contestó.

«Corrie, conozco a alguien que está parado en tu puerta y está golpeando justo ahora», dijo su mamá que estaba cerca mirando. Ella le explicó que Jesús dijo estar parado en la puerta de su corazón, y que si ella lo invitaba, él entraría allí.

Ante la invitación de su mamá, Corrie puso su manito en la de ella y oraron para recibir a Cristo. Luego, ella comenzó a preocuparse por aquellos que estaban en la oscuridad y, con el aliento de su madre, oró por ellos.

> Dios nos pide que hagamos nuestra parte al amar a nuestros hijos incondicionalmente, enseñándoles la Palabra de Dios y llevándolos a la iglesia. Como mamá, he tenido que aprender a dejarle las partes imposibles a Dios: no puedo cambiar sus corazones o darles un pensamiento correcto o hacerlos amar a Jesús. Esa es la parte de Espíritu Santo.
>
> —FERN NICHOLS

Los niños, hasta en edades tempranas, tienen un corazón bien dispuesto hacia Dios y pueden, como hizo Corrie, experimentar la presencia del Señor de maneras que les dejan una impresión imborrable para toda la vida. Muchos años después ella sobrevivió los horrores de un campo de concentración nazi en donde todos los miembros de su familia fueron aniquilados. Después de eso viajó alrededor del mundo hasta su muerte, compartiendo el perdón y el amor de Jesús, impactando a millones con el evangelio.

La Escuela Dominical y la iglesia son maravillosas y una necesidad en las vidas de nuestras familias, pero somos nosotros, como madres y padres, quienes tenemos la responsabilidad de construir las bases de la fe en las vidas de nuestros hijos de manera que puedan aprender cómo escuchar y oír a Dios. He aquí algunas maneras de hacerlo:

*Sigue Deuteronomio 6*. Este pasaje clave para los padres nos dice que hablemos de Dios y

su verdad «estando en tu casa, y andando por el camino, y al acostarte, y cuando te levantes». Significa hacer de Dios el centro y corazón de tu vida y enseñar a tus hijos en las circunstancias de todos los días, al comer juntos, al ponerlos en la cama, al manejar, al tratar con las peleas y los problemas del colegio, y en todo lo demás que sucede en la familia.

> Jesús dijo: Dejad a los niños venir a mí, y no se lo impidáis; porque de los tales es el reino de los cielos.
>
> —MATEO 19:14

*Crea una unidad móvil para ratos tranquilos*. Cuando eres madre de niños pequeños, tiendes a alabar a Dios cuándo tus niños duermen, de manera que ellos nunca te ven tener un momento especial con Dios. También están esas mañanas en que los niños se despiertan primero y no hay un momento tranquilo con el Señor. Connie, una mamá que conozco, hizo su propia «unidad móvil para ratos tranquilos» poniendo en una bandeja o un canasto su Biblia y su libro de estudio, un calendario para anotar las cosas que le venían a la mente y la distraían, un diario de oración y papel. Entonces en la mañana, mientras su bebé y preescolares se sentaban en el piso a jugar, tenía un momento para leer la Biblia y orar. A veces los niños tomaban su Biblia y se le unían.

*Conduce a tus hijos de la maravilla a la alabanza*. Habla de Dios cuando caminas a través de los charcos después de la lluvia. Señala su grandeza en una maravillosa puesta de sol. Cuando te arrodillas al lado de la cama de tus hijos para agradecerle a Dios por los alimentos, por Jesús y por todas las bendiciones, los estás guiando a alabarlo. Ellos ya tienen la «parte para maravillarse». Los niños pequeños sienten mucho aprecio y fascinación por los hámsteres, los copos de nieve, la Navidad y los cocuyos. Y así podemos mostrarle de forma muy natural al Dios que hizo todo eso para que ellos lo disfruten.

> Las caminatas y las charlas que tengamos con nuestros hijos de dos años en botas rojas tienen mucho que ver con los valores que aprecien como adultos.
>
> —EDITH HUNTER

*Sé intencional al compartir la Palabra de Dios con ellos.* Enséñales poco a poco, por ejemplo tomando un verso a la semana para memorizar como familia o leyendo un Salmo o un proverbio por día en la mesa de desayuno, las cuales son maneras de atesorar la Palabra de Dios en los corazones de tus niños. Canta coros de las Escrituras juntos. Y alguna vez, solo por divertirse, haz túnicas de las sábanas de la cama y actúa algún pasaje de la Biblia con tus niños para ayudarlos a entender el mensaje. Incluso puedes hacer oraciones con tus niños en sus sillas altas a la hora del almuerzo mientras les lees un versículo de la Biblia para principiantes. La Palabra de Dios nunca vuelve vacía, y él promete que logrará el propósito para el cual la envió mientras nosotros se la enseñamos a nuestros hijos. Luego ora muchísimo para que su Espíritu trabaje en los corazones de tus niños y los conduzca a conocerlo y amarlo. A través de la oración puedes tener la influencia más grande sobre las vidas de tus hijos.

### PREGUNTA PARA REFLEXIONAR

¿Qué cosa puedes hacer para que Dios sea más el centro y el corazón de tu familia?

# 34

# ¿Adónde te está llamando Dios?

Hace poco me enteré de que mi amiga Cyndi había estado orando y averiguando durante dos meses cuáles eran las mejores opciones de colegios secundarios en su comunidad para sus dos hijas. Luego de considerarlo, ella, su esposo y sus dos hijas sintieron de forma clara que Dios les indicaba la escuela secundaria pública cerca de su casa como la mejor opción para el próximo año.

Otra de mis amigas decidió de nuevo educar a su hija en casa este año durante el noveno grado, pero ella esta bastante involucrada en la escuela secundaria local, donde su hijo cursará su último año. Su marido es miembro del comité de escuelas en su distrito.

Sin embargo, una madre que conozco educa a sus seis hijos en casa. Y otra amiga cercana tiene a los suyos en una escuela cristiana. Ella es en ocasiones maestra suplente allí para estar en contacto y saber qué está sucediendo en el lugar, percibiendo que eso es la guía de Dios para su familia.

Al hablar con mujeres de todo el mundo, una de las preguntas más frecuentes es: «¿A qué colegio debería mandar a mis hijos: cristiano, público, o en la casa? ¿Deberíamos enviarlos a preescolar o esperar? ¿Cómo puedo saber qué es lo mejor de Dios?» Este es un gran tema para las madres hoy.

Sin tratar de convencerte de poner a tus hijos en cierta clase de escuela, puedo ofrecerte algunas sugerencias para formar tu propia decisión:

*Busca a Dios.* Una y otra vez he visto que adonde nos guía Dios, él provee. Él proveerá gracia justo en la escuela a la que te llama, ya sea en un edificio o en tu cocina. Todos queremos que nuestros hijos estén felices y a salvo, que aprendan y se conviertan en lo que el Señor quiere que sean. Pero el mejor lugar es aquel adonde Dios te dirige y desea que estés para su propósito y tu bien. No puedo decirte dónde es, ni nadie más puede, pero te puedo asegurar que si buscas a Dios, si oras como familia y como madre sobre este tema, él te mostrará e iluminará tu camino. Es una promesa.

> Clama a mí, y yo te responderé, y te enseñaré cosas grandes y ocultas que tú no conoces.
>
> —JEREMÍAS 33:3

*Recuerda que no hay escuela perfecta.* ¡Oh, cómo desearíamos que existiera una escuela perfecta donde nuestros hijos fueran felices cada día y sacaran buenas notas y amaran a cada maestra y tuvieran amigos que fueran buenas influencias! Pero en este lado del cielo, lo he descubierto, no hay escuelas perfectas. ¡Y las he buscado! Las escuelas están dirigidas por gente imperfecta con usualmente buenas intenciones, a las que asisten niños imperfectos con padres imperfectos. Y cada opción escolar va a tener sus desafíos y problemas... más sus beneficios y bendiciones.

Seguro que las escuelas públicas tienen asuntos importantes para las familias cristianas, como la instrucción islámica obligatoria y la educación sobre la homosexualidad en las escuelas de California, la violencia, o la educación sexual liberal. No minimizo esto, porque son temas muy importantes.

Pero no podemos generalizar que «todas las escuelas públicas son de tal o cual manera» porque cada cual es diferente (también lo son las escuelas cristianas y la educación en el hogar). Tienes que ver a cada escuela de forma individual, así como las características y creencias de la dirección, los administradores y los padres. No solo veas el folleto o video acerca de la escuela, entrevista al director. Habla con los maestros y otros padres. Siéntate en las clases como observador (haz una cita primero) y considera lo que ves que ahí ocurre: ¿Podría mi hijo progresar y aprender en este entorno? ¿Es aquí donde Dios quiere a mi niño? Si él dice: *Esta es la escuela pública correcta o el colegio cristiano adecuado*, sabes que no solo lo estás poniendo allí. Esta es una misión para la familia entera. Si te inclinas hacia la educación en casa, Dios te dará gracia y te ayudará a encontrar gran apoyo en los grupos y recursos que están disponibles.

> Ni la escuela pública, cristiana, o en casa es más o menos espiritual. Dios nos llama a diferentes áreas y desafíos. Y en cualquier situación, él usará los problemas para conformarnos a la imagen de Cristo.
>
> —Dorothy Burshek

*Involúcrate.* A donde sea que Dios te guíe para que tus hijos estén, recuerda que estás delegando solo una parte de la educación de los mismos. Eres todavía la directora de su educación, una parte integral del proceso, y necesitas estar involucrada.

¿Cómo? Ora por los docentes, los compañeros, los directivos y por tu hijo. (Visita momsintouch.org para conectarte con un

grupo de oración para la escuela de tu hijo.) Construye una relación con la maestra, ve a las clases abiertas y conferencias, y
enfrenta los problemas de forma activa... conociendo lo que le
están enseñando a tu hijo. Encuentra algo que puedas hacer para
contribuir a la calidad total de la escuela. No importa a qué escuela vayan tus hijos mientras crecen, no podrás creer cuán importante es y cuánto tiempo te consumirá la escolaridad. ¡Hasta algunas
veces sentirás que has vuelto a la escuela!

> El lugar más seguro es el centro de la voluntad de Dios.
> —Betsie ten Boom

*Ayuda, no juzgues.* Si alguien en tu iglesia o vecindad ha elegido algo distinto para sus hijos, permíteme alentarte a respetar sus
diferentes llamados y el sendero único que Dios les ha dado. No
juzgues o condenes el hecho de que estén en un lugar diferente al
tuyo. Ayuda a tus hermanos y hermanas en otros colegios con
amor, aliento y oraciones. Y por favor, ora por los más de seiscien-
tos cincuenta mil maestros cristianos que trabajan en escuelas
publicas cada año, es la misión que Dios les ha dado, a algunos en
tu propia comunidad.

Al manejar por el área de una escuela piensa en ella como
«zona de oración», sin importar si tus hijos van allí o no. Ora que
cada persona conozca a Jesús, que él los rescate de la oscuridad
hacia su luz maravillosa, que los docentes y alumnos estén a salvo
y protegidos, y que Dios logre sus propósitos así como también
fortalezca a los cristianos que están trabajando allí

### Pregunta para reflexionar

¿Has sentido la guía de Dios con relación a la escolaridad de tus
hijos? ¿Hay otros a los que puedas ayudar o personas por quienes
orar que hayan elegido opciones diferentes para la educación de
sus hijos?

# 35

# Yo tenía una mamá que me leía

Mientras mi marido y yo íbamos en el auto por la autopista a través de Texas, leí algunos de los carteles más interesantes en voz alta: Casas de Distinción (sobre Porta Potti), Museo Texas Ranger y Festival Brazos Bell Bluebonnet (ambos parecían divertidos pero no teníamos tiempo de detenernos). Sin embargo, estos carteles no se comparaban a uno que vimos en Bangkok, Tailandia: Gaseosas dentro del baño.

Los carteles de la autopista me regresaron a los recuerdos de mi niñez. Muchos domingos después de que mi papá nos fuera a buscar a la iglesia, nos llevaba a los seis niños y a nuestra madre a Dallas, a la casa de la tía Bess en Arlington. Sentados en el asiento de atrás como sardinas, observábamos por la ventanilla kilómetro tras kilómetro, y trataba de descifrar los carteles del camino. Con solo cinco años, todavía no había ido a la escuela. Mi conocimiento del inglés era rudimentario, y lo que sabía del abecedario provenía del juego de mis hermanas mayores con estas «tres bebés», como éramos llamadas. Así que los carteles parecían un gran misterio que las más grandes ya habían descifrado.

De repente pasamos un pequeño centro comercial (los grandes centros de compras aún no existían), vi un gran cartel y dije «¡Saloon! ¡Ahí dice saloon!» Estaba muy orgullosa de mí misma. Pero en lugar de celebrar mi logro verbal, mis hermanas rieron a carcajadas.

«No, tonta, dice salón». Ellas me corrigieron a la manera de las hermanas más grandes. Pero ni ese balde de agua fría logró echar a perder mi entusiasmo por ese despertar fonético.

Una alegría enorme llenó mi corazón, como juegos artificiales explotando. «¡Salón, Salón!», leí por mí misma, aprendiendo para siempre. Luego leí otro cartel y otro. Mamá me había leído la Biblia y libros cortos muchas veces. Pero ahora el mundo de las palabras comenzaba a abrirse ante mí, y me dirigí a las historias de Mamá Gansa, los Libros de Oro, y los misterios de Nancy Drew. Y también seguía siendo divertido leer los carteles de la calle mientras estaba en el auto.

> Puedes tener una riqueza tangible secreta,
> baúles de joyas y cofres de oro.
> Pero más rico que yo no puedes ser,
> yo tuve una mamá que me leía.
>
> —STRICKLAND GILLILAN

Todos jugamos a algo cuando estamos en el auto haciendo diligencias o cuando nos vamos de vacaciones o a ver a la abuela. Puedes aprovechar esos momentos para realizar juegos usando los carteles de las autopistas. (Encuentra una A en ese cartel, luego una B, C, y así muévete a través del alfabeto.) Anoten cuántas patentes de auto de diferentes estados pueden encontrar. Y lee algunos carteles en voz alta mientras manejas para incentivar la curiosidad acerca de las palabras de tu pequeño prelector.

Aquí hay algunas maneras de incentivar la lectura de tus niños, y hasta de los que no quieren leer:

*Cualquier cosa en la que esté interesado tu niño, conéctala con la lectura.* Leer es vital para el aprendizaje de tu hijo... y puede ser muy divertido llegar al centro de su interés, el tema o materia que más quiere saber. Si ama los deportes, consigue algunos libros de fútbol americano, baloncesto, o de su deporte o héroe favorito. Si está fascinado por las ballenas o las nubes o las tormentas, hay libros grandiosos sobre esos temas. Bailarinas, vaqueros, insectos... el cielo es el límite en cuanto a los temas disponibles en los libros.

*Saca provecho de la biblioteca pública local.* Puedes pedir prestados libros infantiles maravillosos de forma gratuita, juegos educativos, libros grabados en cintas, y un montón de cosas más. Cuando llegue el verano, anota a tus niños en los concursos o programas de lectura. La mayoría de las ciudades y pueblos tienen programas de verano con premios y otros incentivos para leer.

> Los niños se convierten en lectores en la falda de sus padres.
>
> —Emilie Buchwald

Si vas a la biblioteca por lo menos cada dos semanas y traes una gran pila de libros, los puedes colocar en canastas en lugares obvios, como al lado del sillón o cerca de la cama de los niños. No pongas los libros fuera del alcance de la vista, o se olvidarán. Cuando nuestros tres hijos estaban creciendo, traía a casa veinticinco libros o más cada dos semanas. Deja que ellos escojan su favorito, y también que vean los que son coloridos de manera que les estimule su centro de aprendizaje y los ayude a congeniar con la lectura.

*Juega juegos que incluyan la lectura,* como crucigramas para niños, palabras que rimen sopa de letras, palabras claves y otros.

*Lleva a tu niño a la librería* para que gaste el dinero de su cumpleaños o Navidad en un libro de su autor favorito más que en un juguete electrónico.

*Instala una luz* en la cabecera de la cama de tu hijo, o un velador y libros interesantes. Luego dale un poco de tiempo adicional para leer en la cama cada noche antes de apagar la luz.

*Acurrúcate con tus hijos y un libro.* Leer en voz alta como una actividad de familia es una de las mejores maneras de alentar la lectura y producir recuerdos valiosos. Los capítulos de los libros son en especial divertidos, ya que los niños tienen que esperar hasta la próxima noche para saber cómo continúa el próximo episodio. Consigue uno de *Las crónicas de Narnia* de C. S. Lewis, un libro de E. B. White como *La telaraña de Carlota*, o *Una pequeña casa en la pradera* de Laura Ingalls Wilder, y crearán recuerdos de lectura espléndidos.

Cada estación trae una razón para compartir la lectura en familia y que el amor por los libros se expanda en tus hijos. Lee en voz alta al lado del calor de la estufa, mientras viajas, o entre tanto los niños se recuperan de una fiebre. Haz viajes a la librería en cualquier época del año. Lean recetas juntos mientras cocinas galletitas de Navidad. Sea cual fuere el lugar o el momento, leer es el fundamento de la vida.

PREGUNTA PARA REFLEXIONAR

¿Qué es lo que más le interesa aprender a tu hijo? Consigue libros sobre ese tema para despertar el interés en la lectura.

# 36

# Llega la Navidad

Una Navidad estábamos en Maine, alejados por más de tres mil kilómetros de la familia y los amigos con los que de forma habitual festejábamos estas fechas. Sin planes de tener invitados, y conociendo a muy pocas personas en la ciudad a la que nos habíamos mudado, toda la familia estaba un poco triste. Un día, la semana anterior a Navidad, decidí llamar a la oficina de estudiantes internacionales de la universidad local para ver si había algún alumno que no tuviera planes para estas fiestas.

Le expliqué lo que estaba buscando a la recepcionista, una chica con un acento evidentemente chino, y pregunté:

—¿Conoce a algún estudiante al que le gustaría pasar la Navidad con una familia americana?

—¡Oh, sí! ¡Yo iré! —respondió ella—. Estaré sola en mi dormitorio ya que todos los demás se van a sus casas y mi familia está a miles de kilómetros en Shangai.

Así que el viernes antes de Navidad manejamos hasta Portland para ir a buscar a Zhu Hong. Ella había estado en el país por un semestre pero no había visto el interior de una casa americana.

Habiendo crecido en la China comunista estaba contenta de celebrar su primera Navidad aquí, y se encontró con nosotros en su residencia con una gran sonrisa.

Luego de patinar sobre el hielo con nuestros hijos y de ayudarnos a hacer galletas, Zhu Hong se sentó a la mesa con nosotros para nuestra comida de Nochebuena y se introdujo en nuestras costumbres familiares de encender velas, cantar en ronda, abrir regalos (incluyendo su primera Biblia), y leer juntos la historia de la primera Navidad en el libro de Lucas.

En lugar de ser unas fiestas solitarias, resultaron ser unas de las más felices. Dios utilizó esa Navidad para hacerme pensar en qué es lo importante. Él colmó nuestras costumbres con un nuevo significado mientras las compartíamos con una nueva amiga que venía del otro lado del mundo.

No importa en qué mes del año estés leyendo este capítulo, el tiempo corre veloz y pronto será Navidad. Aunque no estés en los preparativos de esas fechas, es el momento ideal para pensar sobre lo que en realidad importa en esas fiestas.

> No temáis; porque he aquí os doy nuevas de gran gozo, que será para todo el pueblo.
>
> —LUCAS 2:10

«Todo lo que quiero de la Navidad son mis dientes de adelante», dice una antigua y familiar canción de Navidad. Una encuesta informal entre papás y mamás muestra que lo que quieren los más grandes es diferente... ¡es dos semanas más para prepararse para Navidad!

Por algunos años vivimos cerca de un centro comercial, el cual me dio una gran perspectiva de cuán loco es el frenesí de la Navidad. El lugar estaba decorado hasta el tope, y abundaban las oportunidades de gastar dinero (o usar la tarjeta de crédito, la cual los asesores financieros dicen que las personas no pagan hasta la próxima Navidad o más).

Es inevitable, la Navidad viene. ¿Cómo la pasarás? ¿Qué hace que tengamos recuerdos durables? Algunos estudiantes universitarios fueron entrevistados, preguntándoles sobre sus recuerdos de las fiestas y qué era lo que recordaban mejor. Nadie nombraba los regalos. Eso es difícil de imaginar cuando tus niños quieren un PlayStation nuevo u otro juguete que vieron por la televisión y creen no poder vivir sin ellos. Sin embargo, los recuerdos favoritos de las fiestas de los estudiantes eran: estar con los abuelos, decorar el árbol, cantar en ronda y comer platos especiales.

En otra encuesta, se le preguntó a quince mil niños en todo el país: «¿Qué hace feliz a una familia?» A la cabeza de la lista no estaban las ropas de diseñadores o los nuevos video juegos, sino hacer cosas juntos. Hacer las cosas juntos como familia puede crear tradiciones y convertirse en una forma de construir continuidad y seguridad. Las tradiciones son también parte del pegamento que mantiene juntas a las familias. Crean recuerdos que duran para siempre.

El espíritu de la Navidad trae recuerdos que vienen volando como copos de nieve.

—DOROTHY COLGAN

He aquí algunas tradiciones de Navidad que son tranquilas y sin costo pero que garantizan la creación de recuerdos cálidos:

*Comparte una Navidad clásica.* Una de las tradiciones más agradables y fáciles es poner tus libros favoritos de Navidad en una canasta con un moño festivo y colocarlo al lado del árbol de Navidad para que sean disfrutados por todos. Al tener una canasta con los clásicos de Navidad, te alentarás a sentarse y leer una historia a tus hijos. Nuestra canasta comenzó con una vieja copia de *The Little*

*Angel* de mi niñez. Y cada año agregaba un libro nuevo: *A Cup of Christmas Tea* de Tom Hegg, *Polar Express* de Chris Allsburg, *The Best Christmas Pageant Ever* de Barbara Robinson, y otros. Pero ahora estoy leyéndoles libros de Navidad a nuestros nietos, y todavía agrego uno nuevo a la colección cada año.

*Haz un álbum de fotos de Navidad.* Nuestros niños siempre se dirigían a ese álbum apenas llegaban de la escuela. Les agradaba verlo y acordarse de Navidades pasadas. El álbum es un lugar especial para guardar todas las fotos relacionadas con la Navidad... nosotros comenzamos el nuestro con unas fotos viejas de mi marido y mías debajo del árbol en nuestras infancias, luego de recién casados, de las primeras Navidades de los niños, de algunas obras de teatro de la iglesia y la escuela, de amigos y familiares que se nos unían para estas fechas, de cuando íbamos a buscar el árbol y muchas más.

> El mejor regalo de Navidad es la presencia de una familia feliz envueltos unos con otros... con amor.
>
> —Anónimo

No importa cuán ocupados estemos, o cuán grandes sean los hijos, pasemos juntos un rato observando el álbum de Navidad en cada fiesta. Consigue un álbum común y cúbrelo con tela brillante. Bórdale la palabra Navidad en diagonal en el frente si eres buena con la aguja (o la máquina de coser), llénalo de fotos... ¡y disfrútalo año tras año!

*Mantén a Cristo en la Navidad.* Busca unos pocos versículos con cada uno de los nombres de Jesús, tales como la Luz del Mundo, la Puerta, el Pan de Vida, el Agua Viva, Salvador, Señor, Emanuel, y lee los versículos en la mesa al cenar cada noche.

*Escríbele cartas a Papá Noel.* Escribe cartas especiales de cariño y amor para tus hijos. Pon las cartas en sus medias. Incluye pequeños recordatorios del año en los que se vea cuán orgullosa estás de su progreso o la característica de su personalidad que has visto que han desarrollado. Escribe las cartas en papeles decorados con bordes (que se consiguen en los negocios de copias o las librerías) e introdúcelas en sobres. Estas cartas se convertirán en el relleno favorito de las medias.

*Regala cosas intangibles, como una puerta abierta, aliento o una oración.* Busca nuevos amigos en la cuadra o en el vecindario, o un estudiante internacional de la universidad local. Invítalo a tomar un chocolate caliente y unas galletitas, o a que te acompañe a tu obra de teatro de Navidad o actividad de la iglesia. Ofrece el regalo del aliento a alguien desanimado como a un mozo en un restaurante o un amigo que esté pensativo. Finalmente dedica un rato a ofrecer oraciones de Navidad por tus hijos, vecinos, amigos y por aquellos que quieres. Tus oraciones harán una eternidad de diferencia y serán el regalo que durará más allá de la fiesta.

Si te encuentras tú misma en un momento de confusión, estresada o extenuada, dedica quince minutos para respirar profundo o disfrutar una taza de té. Relee la historia de Navidad de Lucas 2, y piensa en aquel cuyo cumpleaños festejarás. Mientras lo haces te encontrarás renovada y lista para disfrutar el resto de la temporada.

Pregunta para reflexionar

¿Cuáles son tus recuerdos favoritos de la niñez o de las fiestas familiares de la actualidad?

¿Qué tradiciones quieres conservar y cuales deberías dejar a un lado porque son demasiado estresantes?

# 37

# Guía para las madres

Flo se sentó a mi mesa de desayuno mientras le servía su té de frambuesa y unas rebanadas de pan casero de banana. No era muy buena horneando galletas, pero me podía defender con un rico pan de fruta o con panecillos de arándanos. Hablamos de sus nietos y bisnietos (treinta entre todos), de mis hijos mientras nos rodeaban y jugaban, y acerca del Señor. En cualquier ocasión que hablara con Flo, Jesús siempre estaba presente en nuestra conversación porque él era nuestro mejor amigo.

En nuestros pequeños ratos libres, Flo, una viuda de setenta y cinco años, y yo, a mis treinta años de edad, comenzamos a entablar una amistad. No supe sino hasta unos años más tarde que el Señor le había hablado al corazón de Flo después de que nos encontramos por primera vez en una reunión de oración. Él había dicho: «Flo, quiero que traigas a Cheri y su joven familia al círculo de oración e intercedas por ella igual que lo haces por tus propias hijas».

¡Qué regalo increíble fueron sus oraciones y su amistad! Ella no solo oró por mí, mi marido y mis hijos por el tiempo que estuvo en esta tierra, sino que me enseñó a ir más profundo en la oración. Dándose cuenta de nuestra necesidad espiritual, invitó a algunas madres jóvenes a su casa para orar con nosotros. Flo había estado ante la presencia de Dios por más de cincuenta años, así que para ella orar era tan natural como respirar. De alguna manera, nos llevó en sus alas ante el trono de la gracia, y sin enseñarnos, con el solo acto de orar de forma honesta, humilde y con perseverancia, nos enseñó un montón de cosas.

Flo fue también la primera persona que reconoció un gran potencial en unos pocos poemas que había escrito y compartido con ella. «Podrías ser una escritora, querida. Dios podría utilizarte para alentar a las personas y darles esperanzas», dijo en una de nuestras primeras mañanas juntas. Ella oró por cada libro que escribí y por cada grupo de gente al que le hablé, y fue una líder divertida a lo largo del camino.

Y cuando mis adolescentes pasaron por unos pocos períodos de aguas turbulentas, Flo me ayudó a ganar perspectiva, recordándome una y otra vez que entregara mis cargas al Señor. Ella oró por mi hija Alison y su novio justo hasta llegar el altar, y luego murió con paz mientras dormía la noche anterior a la boda. La vi llegar a los niños que no conocían a Jesús en el barrio, orar por mucha gente que Dios puso en su corazón, y dar la alegría que solo viene del amor y de habitar en Jesús, aun cuando no podía manejar por sus cirugías y la edad avanzada.

> Que [las mujeres mayores] enseñen a las mujeres jóvenes a amar a sus maridos y a sus hijos, a ser prudentes, castas, cuidadosas de su casa, buenas, sujetas a sus maridos, para que la palabra de Dios no sea blasfemada.
>
> —Tito 2:4-5

¡Cuán agradecida estoy por esta preciosa mujer de Dios que él trajo a mi vida! Esta fue su manera de equiparme para ser la esposa y madre que él quería que fuera. Como explica Tito 2:4, las mujeres mayores son guías para las madres jóvenes, mostrándoles cómo amar a sus maridos y niños y cómo cuidar sus hogares.

Mi madre fue también una gran guía para mí mientras la observaba a través de los años, cuidándonos a los seis y además alcanzando a las personas con necesidades, ejercitando su don de hospitalidad en nuestra casa.

Mamá se ha ido hace dos décadas, pero sus dichos me han guiado a través de los años. Por ejemplo: «Manos ocupadas son manos felices» me alentó a tener una caja de arte en la cocina de manera que los niños pudieran dibujar mientras cocinaba. «La limpieza está cerca de Dios» es un dicho que no aparece en la Biblia, pero mamá lo vivía. Cómo, con seis hijos, pudo mantener la casa limpia, dar cada puntada, y tener la ropa de cama lavada, doblada y guardada antes de la hora de ir a dormir, es aún una intriga para mí. Pero sospecho que esto tiene que ver con su dicho: «Un lugar para cada cosa y cada cosa en su lugar».

Dios ha usado a otras mujeres en mi vida. Algunas de estas mamás mayores que fueron mis guías estuvieron en mi vida por solo una temporada. Como Ray, una mujer de noventa años que vivía en nuestra vecindad años atrás, la cual a pesar de estar totalmente ciega se interesaba por otras personas y se mantenía al tanto de nuevas ideas y de asuntos actuales escuchando un sin fin de libros en audio. Ray era una demostración viva de cómo disfrutar la vida y la familia en medio de las limitaciones y las decepciones. Tuvimos hermosas charlas sobre ciertos libros durante los dos años que la traté, y ella siempre tenía un frasco con caramelos para mis hijos y todos los niños que pasaran por allí.

Billie, la mamá de mi amiga del colegio, trató a mis hijos como si fueran sus nietos (sus propios abuelos no estaban en la ciudad). Aunque estuvo inválida la mayoría de los años que tuvimos amistad, Billie me ofreció la aceptación de una madre y un

> Los momentos de guía puede que no se prolonguen,
> pero cuando alguien a quien respetas dice las palabras
> adecuadas o te presta atención cuando más lo necesi-
> tas, el afecto puede durar toda una vida.
>
> —BETTY SOUTHARD

entendimiento de corazón, así como también susurró esperanza con sus palabras gentiles cuando más la necesitaba.

Patty recordaba mi cumpleaños cada año, compartía su sabiduría, se tomaba el tiempo para tener un almuerzo ocasional conmigo y oraba por mí. Cuando me sentí un poco deprimida al acercarme a mis cincuenta, ella me dijo que estaba por entrar a los primeros y mejores años de la vida de una mujer, que ella llamaba «Los fabulosos cincuenta». ¿Y saben qué? ¡Tenía razón!

> Muchas de las que se fueron antes que nosotros
> —nuestras madres, suegras y otras— son más que
> maestras... si no estamos aprendiendo de lo que tienen
> para ofrecer, nos estamos perdiendo uno de los recur-
> sos disponibles más grandes, en especial para aquellas
> que se están embarcando en el viaje de la maternidad.
>
> —LESLIE PARROTT

¡Qué cosa tan buena de parte de Dios el darme a estas madres espirituales que me han guiado como madre, esposa y cristiana!... sobre todo desde que mi madre murió a la edad de cincuenta y nueve años. Él no tiene madres espirituales en el cuerpo de Cristo solo para mí, sino para ti también... guías que pueden alentar, nutrir, y ayudarte a aprender y crecer en tu viaje de la maternidad.

Las mamás guías también...

nos ayudan a ver un cuadro más grande de la familia, los niños y la vida;

calman nuestros temores y nos alientan a creer en la fe y el amor de Dios cuando las cosas parecen oscuras;

nos ayudan a apreciar la etapa en que estamos nosotras y nuestros niños.

¿Cómo puedes encontrar a estas mujeres? Hay programas especiales en las iglesias que son muy buenos y pueden ayudarte a encontrar una mamá mayor con quien construir una relación. Pero según mi experiencia, también puede suceder sin una estructura o programa mientras confías en que Dios nos guía a través del camino. Aquí hay algunas maneras de empezar:

*Mira a tu alrededor en la iglesia, barrio y círculo de conocidos.* No dejes afuera a tu madre, suegra o abuela, quienes pueden tener una riqueza de cosas que enseñarte.

¿Hay una mujer mayor que parece ser la correcta o que te gustaría conocer? Invítala a tomar el té o a almorzar, o pídele que se encuentren para tomar un café algún día. Déjale saber que te gustaría conocerla y fíjate en cuál es su respuesta. La mayoría de las madres mayores son agradables cuando otras quieren compartir tiempo juntas. Tengas la edad que tengas, siempre hay otra madre de cinco o diez años más en el camino que te puede sostener la luz... y tal vez puedan llegar a tener una amistad.

*Si tu madre ha muerto o vive a cientos de kilómetros*, pídele a Dios que te muestre las madres espirituales en el cuerpo de Cristo que él ha preparado para que sean una bendición para ti y que están dispuestas a acompañarte.

*Deja que te enseñen.* Si no piensan que lo saben todo, las madres jóvenes pueden beneficiarse mucho de la sabiduría de las madres veteranas. Abre tu corazón y pídeles a las más experimentadas consejo sobre cualquier duda de la maternidad o acerca de algún tema que estés enfrentando, diles lo que admiras de ellas, o solicítales que oren por ti.

Mientras cultivas una relación con una mamá mayor, descubrirás que es muy enriquecedor compartir ambas vidas, y obtendrás puntos de vista que pueden ayudarte a convertirte en la mamá que debes ser.

### Pregunta para reflexionar

¿Hay un tema en particular que tengas en vista que sea bueno para compartirlo con otra mamá? ¿O hay algún tema acerca del cual tienes la perspectiva de una madre con más experiencia? Toma la iniciativa para alentar a las madres más jóvenes que tú, y ora para que Dios traiga a una sabia mujer ya mayor a tu camino.

# 38

# Padres imperfectos

Hace unos pocos años atrás, cuando Christopher, el hijo de mi amiga Karen, tenía tres años, ella y su marido Jim tuvieron la oportunidad de volar a Singapur para visitar a su hermana, que vivía allí en esa época. Era un tiempo fascinante para estar allí, porque semanas atrás un adolescente estadounidense había sido arrestado y golpeado con una palmeta por las autoridades como castigo al ser atrapado robando. El alboroto en América por esta práctica brutal asiática recién se estaba calmando cuando ellos llegaron.

Sin embargo, Jim y Karen estaban en realidad más preocupados por su viaje y su niño que por los eventos internacionales. Pero Christopher fue un ángel durante el viaje en el avión... ¡él excedió todas las expectativas de buen comportamiento de sus padres! Era un vuelo nocturno, así que durmió la mayoría del tiempo, y cuando estaba despierto, jugaba y se reía. Como padres primerizos, estaban muy orgullosos de su pequeño niño. Habían oído historias de cuán difícil es viajar para los más chicos, y estaban asombrados de que el suyo se portara tan bien. Hasta se felicitaban por tener un viaje tan tranquilo.

Las dos semanas en Singapur, Tailandia e Indonesia fueron una fantasía. Los Covells montaron elefantes, anduvieron en bote, carritos orientales y bicicletas, y Christopher participó de casi todo. Para cuando los tres volvieron al aeropuerto de Singapur, Karen y Jim estaban hablando de cuán fácil fue viajar con su hijo maravilla. Había sido una experiencia increíble para todos y, por cierto, Jim y Karen se sentían bastante bien como padres.

> Igualmente, jóvenes, estad sujetos a los ancianos; y todos, sumisos unos a otros, revestíos de humildad; porque: Dios resiste a los soberbios, y da gracia a los humildes.
> —1 PEDRO 5:5

Luego de que la familia llegó al aeropuerto y realizó el chequeo, se unieron a un grupo de ciudadanos estadounidenses que viajaban en el mismo avión, también volviendo de un viaje excitante a Asia. Los viajeros de más edad estaban de buen espíritu para el viaje también, pero un poco hambrientos para hablar con una joven familia estadounidense. Esta gente mayor y tan amable puso toda su atención en Christopher mientras esperaban el avión. Él tenía un humor excepcional y llamó la atención de todos. Con una audiencia cálida, el niño de tres años hablaba, saltaba, hacía caras y sonreía. El grupo entero estaba fascinado en el momento en que les pidieron abordar el avión. Christopher recibió abrazos, caricias en la cabeza y palabras hermosas de cada miembro del grupo. ¡Y Jim y Karen recibieron más cumplidos de los que hubieran podido imaginar acerca de cuán bueno, adorable y educado era su pequeño niño!

Entonces ocurrió. Jim y Karen habían estado en el avión por unos minutos cuando de repente su niño angelical pensó que había tenido lo suficiente. Justo después de que el avión despegó y las aeromozas estaban pasando unas toallas húmedas calientes para preparar a los pasajeros para el largo viaje, ¡Christopher tuvo un ataque de furia! Quería una bandeja para jugar, pero en su fila de asientos no las había. Esto pasó a ser lo más importante en su vida, e instantáneamente la represa se rompió. Gritó y gritó para conseguir su bandeja.

> Acéptame... por lo que soy
> no por lo que pude haber sido
> o por lo que seré.
> Acéptame... así no necesito cambiar
> para encajar en tu modelo...
> Sino que al descansar en la aceptación,
> puedo crecer.
>
> —RUTH REARDON

De inmediato la gente comenzó a mirar a los Covells y a su niño fuera de control. Algunas personas mayores hicieron comentarios sobre este niño que se portaba mal. Al oír comentarios como: «Espero que no haga esto el viaje entero de regreso» y «Desearía que sus padres lo pudieran controlar un poco más», Karen comenzó a sentir un poco de vergüenza como la madre del causante de problemas. Pero los comentarios siguieron, y las miradas penetrantes valían más que mil palabras.

En un avión lleno, era imposible darle a Christopher lo que quería, y Karen entró en pánico mientras trataba de calmar a este ángel vuelto demonio de su hijo. Jim y Karen trataron de distraerlo, abrazarlo, y finalmente lo agarraron mientras lloraba y gritaba. Pero se olvidaron de un brazo. Justo en ese instante la auxiliar pasó por el asiento de Jim y le alcanzó una toalla caliente y húmeda. Y antes de que Karen pudiera detenerlo, Christopher la agarró y la arrojó tan lejos como pudo enfrente de él. ¡El objeto voló por sobre tres filas de asientos y aterrizó en la cabeza de uno de los ciudadanos del grupo estadounidense!

En ese momento, uno de los señores mayores que estaba sentado en la hilera del pasillo dos filas delante se dio vuelta, entre los murmullos de las personas disgustadas, y dijo en voz baja: «¡Ahora veo por qué golpean a las personas aquí!»

Eso fue el colmo. Los Covells habían sido traicionados. El mundo estaba contra ellos, y todo el orgullo de padres se destruyó en un instante. Karen estaba fuera de control, era un fracaso, y su niño no tenía esperanzas. Los tres estaban solos, abandonados por todos los supuestos amigos, y había un hombre enojado con la cabeza mojada tres filas atrás. Todo lo que podía hacer Karen era cuidar a Christopher y esperar que pasara la tormenta.

Finalmente, unos minutos —o fueron unas horas— más tarde, se reestablecieron y se disculparon con el señor de la cabeza húmeda enfrente de ellos, y trataron de no hacer caras a toda la gente mayor, que todavía los miraban de manera amenazante.

> No hay familias perfectas.
>
> —KEVIN LEMAN

Más tarde en el vuelo, luego del horrible incidente, Jim y Christopher se quedaron dormidos. Karen pensaba qué gran mamá creía ser unas horas antes. No le tomó mucho darse cuenta de que el viaje de fantasía de Christopher no fue porque ella era una madre tan increíble, sino porque estaba pasando un momento maravilloso.

De repente, Karen comprendió qué fácil era apoderarse del crédito por algo en lo que ella no tenía nada que ver. En realidad, no sabría qué clase de padres eran hasta que Christopher fuera lo suficiente grande como para tomar sus propias decisiones y vivir su propia vida. Hasta entonces, el jurado estaría fuera, y ella y Jim tendrían que buscar a Dios en todo lo que hicieran. Karen vio cuán poco control tenía y cuánto necesitaba al Señor para continuar el camino mientras ella y Jim avanzaban juntos en el viaje complicado y humilde de ser padres. Prometió nunca más darse a sí misma el crédito por esos momentos gloriosos cuando sus hijos (ahora dos varones) actuaran como ángeles. Karen reflexionó que mientras ella quería estar agradecida por los momentos de paz, también necesitaba recordar que los pequeños demonios sentados en uno de los hombros de sus hijos estaban listos para atacar.[9]

Tales momentos de devastación van a golpear a la mayoría de las mamás en algún punto en las vidas de sus hijos. ¿Cómo puedes responder? ¿Y como puedes evitar la trampa del perfeccionismo?

*Descarta el mito*. El concepto del niño o padre perfecto es un mito. El único padre perfecto fue y es Dios. ¡Y mira el lío que tuvo con sus hijos Adán y Eva! Si apuntas a la perfección en tus hijos y en tus habilidades como madre estarás muy decepcionada cuando tú o ellos no cumplan esas expectativas. Puedes depender de la gracia de Dios para ser la madre que tus hijos necesitan, así que sigue pidiendo su sabiduría... ¡y sé agradecida cuando la conducta de tus hijos te hace feliz!

*Evita llegar a la perfección*. Cuando los padres perfeccionistas presionan a sus niños, estos tienden a serlo aun más, convirtiéndose en prisioneros de sus propias expectativas o no logrando lo que se proponen. Ayuda a tus hijos a aceptar que los humanos comenten errores —muchísimos— y deja que ellos vean que reconoces tus fracasos sin actuar como si fuera el fin del mundo. («Oh, arruiné ese proyecto, pero está bien. Puedo pensar en una manera diferente de hacerlo funcionar» o «Recuerdo una vez cuando obtuve una nota baja en una prueba».)

*Cultiva el sentido del humor en ti misma y tu hijo*. Mientras Karen y Jim recuerdan su vergonzosa experiencia en el avión con Christopher, pueden ahora sonreír sobre la escena completa. Es difícil tener sentido del humor en un momento estresante. Pero el humor puede superar el vicio por la perfección y aliviar el estrés. Te permite reír de una manera amigable y evita que te pongas demasiado seria acerca de todo lo que pasa.

PREGUNTA PARA REFLEXIONAR

¿Estás tú —o tu niño— constantemente preocupada y ansiosa por hacer las cosas perfectas o tienes miedo al fracaso? Si es así, entrégale esto a Dios y pídele que te dé una nueva perspectiva y te permita obtener una visión más realista de ti misma, tus hijos y los otros.

# 39

# Si pudiera vivir mi vida de nuevo

Me quedé pensando en algo que escribió antes de morir Len LeSourd, el segundo esposo de la querida autora Catherine Marshall: «Tengo algo que lamentar de todo esto. No dedicamos el tiempo necesario para oler las flores, para aprender qué significa en realidad tomarse unas vacaciones. Fuimos de fecha de entrega en fecha de entrega, de crisis en crisis, haciendo lo que había que hacer, olvidando demasiado seguido anotar en nuestro calendario la palabra *diversión*. Me siento muy condenado por esto, pero la verdad es que Catherine y yo fuimos adictos al trabajo».

¡Vaya! Me siento identificada por completo con la necesidad de tomarme un receso y oler las flores. Es muy fácil preocuparse por los proyectos de mañana o los problemas de la semana que viene hasta que te sientes sobrecargada y toda tu energía se agota antes de que llegues allí. Es fácil posponer la diversión porque como Catherine Marshal te has convertido en adicta al trabajo.

Esto me hace acordar lo que dijo Erma Bombeck cuando luchaba con el cáncer: «Si pudiera vivir mi vida de nuevo, hablaría menos y escucharía más. Invitaría a los amigos a cenar aunque la alfombra estuviera manchada y el sofá desteñido. Comería palomitas de maíz en el juego de sala "bueno" y me preocuparía mucho menos por la suciedad cuando alguien quisiera prender el fuego en la chimenea... o usaría la vela rosa con forma de flor en lugar de que se derritiera en el armario. Me habría sentado en la hierba con mis hijos en lugar de preocuparme por las manchas de pasto. En vez de desear que pasaran los nueve meses de embarazo, celebraría cada momento y me daría cuenta de que esta maravilla creciendo dentro de mí era la única oportunidad de ayudar a Dios en un milagro. Aprovecharía cada minuto ... mirándolo y en realidad viéndolo ... viviéndolo ... y nunca lo hubiera cambiado».[10]

> Si hubiera una cosa que pudiera cambiar acerca de mis viajes en familia durante la niñez, sería que en lugar de solo ir en el auto a través de las montañas o los bosques mirando por la ventanilla, los habría experimentado al caminar, tocar y explorar.
>
> —KATHY SVEJKOVSKY, VEINTE AÑOS

«¿Qué habría hecho diferente cuando tenía veinte o treinta si hubiera sabido entonces lo que sé ahora?», preguntó una mamá de cuarenta años. «Me hubiera reído más, habría visto más películas de Laurel y Hardly, me hubiera detenido más a notar el cambio de las estaciones ("¿Puedes creerlo?", me preguntó una querida amiga un día de primavera. "¿Puedes creer que si viviera cien años vería esto solo cien veces?"), hubiera entendido más rápido cuán profundamente satisfactorios pueden ser los detalles de la vida diaria: la taza perfecta de café en la mañana, nuestro hijo gritando desde su habitación: «¡Buenas noches!», un gato atrapado desprevenido en un triángulo de sol».

Mientras meditaba en estos pensamientos, consideré qué habría hecho yo si pudiera regresar y comenzar de nuevo mi familia. Pensé que podría empezar con dos palabras: más lento. Además, les rascaría la espalda a mis hijos después de apagar la luz en lugar de correr a lavar los platos y corregir pruebas. Trataría con alguna pena sin resolver en mi corazón para que estuviera más liviano. Y, también me hubiera reído más.

> Ya que el tiempo en nuestra casa es corto, hagamos lo mejor de este verano. Luego, llenos de recuerdos positivos, seremos más capaces de enfrentar el mundo más allá de nuestra puerta. Podremos bailar en un invierno de ricas recompensas, en lugar de movernos un poco en una estación de lamentos.
>
> —Brenda Hunter

No sé con qué responsabilidades estás tratando y haciendo malabares, qué fechas límites estás enfrentando, o qué te preocupa. Yo siempre parecía estar en un límite u otro como escritora. Pero déjame alentarte a reflexionar en estos pensamientos con el corazón...

*Habla con tu familia si hay algo que no te quieres dejar de hacer* este verano, primavera u otoño, luego solo hazlo.

*Encuentra una manera de decirle a cada miembro de la familia* cuánto lo amas. Dile palabras de aliento a aquellos con los que te encuentres.

*Invita a alguien a cenar* aun si la alfombra tiene una mancha o si la decoración de tu casa no es lo que quieres. Prende algunas velas.

*Y no te olvides, antes de meter a los niños a la cama*, de agradecer a Dios juntos por los momentos felices.

PREGUNTA PARA REFLEXIONAR

¿Qué hubieras hecho diferente cuando tenías veinte o treinta años (o en los últimos cinco años) si supieras lo que sabes ahora? ¿Qué te gustaría hacer diferente hoy?

# 40

# Mantengamos nuestro enfoque (Unas palabras finales para las madres)

Al terminar este libro, estoy en una cabaña rústica a una cuadra de la playa de Galveston Island. Tenía visiones de caminar a lo largo de la arena limpia y observar el océano en mis recreos. Sin embargo, la primera cosa que encontré al llegar fue el montón más oloroso de algas que haya visto en mi vida. No un montón, sino miles. Una tormenta había traído las algas el fin de semana anterior, y aquí están, siendo calentadas por el sol y haciendo peor el olor.

El primer día, todo lo que pude ver y oler fueron las algas, acorté mi paseo para no tener que soportarlas, y estaba tan frustrada porque no limpiaban que ni me percaté de las cosas lindas del día. A la mañana siguiente, salí y allí estaban todavía las algas por todos lados, tan lejos como podía ver.

Pero esta vez elegí concentrarme en algo más: el hermoso cielo de Texas, la pequeña de rizos rubios que me sonreía cuando pasaba y me decía: «Hola». Un padre haciendo el castillo más elaborado que haya visto, rodeado por supuesto de algas, las cuales no parecían opacar la creatividad de los artistas. Peces saltando en el agua destellante. Mis pasos se hacían más livianos mientras una brisa de agradecimiento soplaba hacia mí. Oh, las algas estaban allí. Sin embargo no llamaban por completo mi atención porque estaba enfocada en otro lugar.

La vida no es una playa. Pero a menudo hay un montón de algas olorosas en nuestras vidas como madres... cosas que no planeamos que sucedan, enfermedades, suspensiones, días difíciles y conflictos que resolver.

No obstante, Dios quiere que sigamos y mantengamos nuestro enfoque en el llamado y el premio. ¿Qué significa esto? «Prosigo, por ver si logro asir aquello para lo cual fui también asido por Cristo Jesús ... una cosa hago: olvidando ciertamente lo que queda atrás, y extendiéndome a lo que está delante, prosigo a la meta, al premio del supremo llamamiento de Dios en Cristo Jesús» (Filipenses 3:12-14). Además, el Señor tampoco desea que te pierdas las cosas hermosas que él pone a lo largo de tu camino.

Mi oración es que donde sea que estés en este viaje de la maternidad, recibas las bendiciones que Dios tiene para ti y que se renuevan cada mañana, y que su amor infalible te rodee a ti y a tus hijos. Que tu corazón se llene de esperanza y tu paso sea iluminado porque tu mirada está puesta en él. ¡Y que puedas disfrutar el viaje!

Con mucho amor de mi corazón al tuyo,

*Cheri*

# Notas

1. Leslie Parrott y Mary Beth Lagerborg, *If you Ever Needed Friends, It's Now* (Grand Rapids: Zondervan, 2000), p. 21.
2. Stella Chess y Alexander Thomas, *Know Your Child* (New York: Jason Aaronson, 1996), p. 63.
3. John M. Drescher, *Seven Things Children Need* (Scottsdale, Pa: Herald Press, 1976), p. 59.
4. Brenda Hunter, *Home by Choice* (Sisters, Oreg.: Multnomah Publishers), 2000.
5. Dr. Ross Campbell, *Relational Parenting* (Chicago: Moody Press, 2000), p. 32.
6. Marjorie Holmes en *A Treasury of Prayer for Mothers* de Helen Allingham (Tulsa: Honor Books, 1996), p. 62.
7. Louise Bates Ames, *Don't Push Your Preschooler* (New York: Harper and Row, 1980), p. 203.
8. Corrie ten Boom, *In My Father's House* (Grand Rapids: Revell, 1976), p. 203.
9. Historia original contada a Cheri Fuller por Karen Covell, autora de *The day I met God.*
10. Erma Bombeck, «If I had my life to live over» (www.robinsweb.com/inspiration/erma.html).

# Acerca de la autora

Cheri Fuller es esposa, mamá, disertante inspiracional y autora premiada de más de veintisiete libros, incluyendo los éxitos *When Mothers Pray, Opening Your Child's Spiritual Windows, Opening Your Child's Nine Learning Windows, When Children Pray*, y otros. El deseo de Cheri de renovar los corazones de las madres y edificar a las familias ha inspirado sus mensajes, artículos de revistas y libros, los cuales proveen esperanza y aliento a las mujeres a través de los Estados Unidos y otros países.

Cheri habla en conferencias y eventos femeninos a lo largo del año y es una invitada frecuente en la radio nacional y programas de televisión. Sus artículos sobre los niños, el aprendizaje y la vida familiar han sido publicados en *Enfoque en la Familia, Family Circle, ParentLife, GuidePosts*, y muchas otras revistas. También es una editora que contribuye en las revistas *Today's Christian Woman* y *Pray Kids!* Su ministerio Family Pray USA motiva y alienta a las madres y padres, niños, adolescentes e iglesias a impactar sus mundos a través de la oración. Siendo originalmente maestra, Cheri realizó un doctorado en literatura y tiene una amplia experiencia en la educación de los niños, en liderar y hablar a grupos de madres, y en la crianza de sus propios hijos.

Ella y su marido Holmes tienen tres hijos grandes, cinco nietos, y viven en Oklahoma. El sitio de Internet de Cheri, www.cherifuller.com, incluye su columna «Siendo madres de corazón» dedicada a las mamás, recursos e ideas creativas sobre los niños, cómo construir una familia, oraciones y más.

Para contactar a Cheri para citas personales: Speak Up Speaker's Services, 810/982-0898 (teléfono); 810/987-4163 (fax); o speakupinc@aol.com.

*Nos agradaría recibir noticias suyas.*
*Por favor, envíe sus comentarios sobre este libro a la*
*dirección que aparece a continuación.*
*Muchas gracias*

**Editorial Vida**
7500 NW 25 Street Suite # 239
Miami, Fl. 33122

*Vidapub.sales@zondervan.com*
*http://www.editorialvida.com*